Bärbel Edel

Der Hund als Heimtier: Gegenstand oder Person ?

Verlag Dr. Kovač

VERLAG DR. KOVAČ

Louise-Schroeder-Str. 31 · 22767 Hamburg · Tel. 040 - 380 57 75 / 76 · Fax 040 - 389 56 2

Diese Publikation wurde im April 1995 unter dem Titel: "Der Hund als Haustier: Gegenstand oder Person? Ein kulturwissenschaftlicher Beitrag zur Wahrnehmung eines Lebewesens" an der Ludwig-Maximilians-Universität München im Fach deutsche und vergleichende Volkskunde als Magisterarbeit vorgelegt.

Die Deutsche Bibliothek - CIP-Einheitsaufnahme

Edel, Bärbel:
Der Hund als Heimtier: Gegenstand oder Person?/
Bärbel Edel. - Hamburg: Kovač, 1995
ISBN 3-86064-354-1

Printed in Germany

Danksagung

Daß dieses Buch in der vorliegenden Form erscheinen konnte, ist auch der Mitwirkung einer Reihe von Menschen zu verdanken, von denen ich hier nur einige nennen kann.

Dazu gehören die Interviewpartner, die bereitwillig über sich und ihre Hunde Auskunft gaben. Agnes Holzbaur, Britta Springer und Dr. Frank Wittchow spürten meine Tippfehler auf und unterstützten mich mit konstruktiver Kritik. Mein Mann Frank Kemper beseitigte alle Computerprobleme jeweils unmittelbar nach ihrem Auftreten und ermutigte mich zum Durchhalten.

Die Veröffentlichung dieser Arbeit wurde erst ermöglicht durch die finanzielle Unterstützung der Firma Effem GmbH in Verden.

Ihnen allen möchte ich an dieser Stelle herzlich danken.

Inhaltsverzeichnis

1. Einleitung

Die gegenwärtige Beziehung zur Tierwelt in den westlichen Industriegesellschaften charakterisiert sich durch ein breites Spektrum von Verhaltensweisen und Wertvorstellungen zwischen Nähe und Distanz, Verhätschelung und Ausbeutung, Bewunderung und Ablehnung, ja sogar Ekel, je nachdem um welche Tierart es sich handelt. Mit Kühen und Schweinen, Ratten und Mücken, Elefanten und Bären oder Hunden und Katzen verbinden sich jeweils unterschiedliche Bewertungsmuster, die unterschiedliche Umgangsformen nach sich ziehen. Worauf basieren diese Unterschiede?

Wie wir uns gegenüber Tieren verhalten, ist zunächst einmal von unseren spezifischen Interessen abhängig: Ein Kleinkind im Streichelzoo verhält sich anders als der Leiter eines Tierversuchslabors, ein Tierrechtler anders als ein Jäger. Doch warum kümmert die meisten von uns das Aussterben von Blauwalen mehr als das Aussterben von Fledermäusen? Warum essen die meisten Deutschen, ohne mit der Wimper zu zucken, Kalbfleisch, obwohl ein Kälbchen doch genauso „niedlich" ist wie ein Fohlen?

In der Einleitung zu einer wahrnehmungspsychologischen Untersuchung über das Rezeptionsverhalten gegenüber Tieren heißt es:

> „Two extremes characterize our perception of animals. On the one hand, they are essentially ‚things', whose importance derives from their usefulness to us, their utility value. On the other hand, we recognize a fundamental kinship with animals that arguably reaches its greatest expression in pet keeping (...). Are animals things or not things? If they are not things, are they the same or not the same as humans? If they are not the same as humans, what are they? Furthermore, are all animals, from the amoeba to the ape, fundamentally the same, and, if so, on what grounds do we justify any differences in our treatment of animal species?" [1]

1.1 Tiere als Sachen: Nutztiere und Schädlinge

Rinder und Schweine zählen in unserer Kultur ebenso wie Schafe, Hühner und früher auch Pferde zu den *Nutztieren*, die zur Versorgung mit Rohstoffen und Energie herangezogen werden. Bedingt durch die Industrialisierung haben Reit- und Zugtiere als notwendiges Transportmittel und als Energielieferanten (etwa in Mühlen) ihre frühere Bedeutung eingebüßt und treten im Alltag nicht mehr in Erscheinung. Die Mechanisierung der Landwirtschaft hat auch die anderen Nutztiere, auf die wir heute noch angewiesen sind, aus der Öffentlichkeit und damit aus unserem Bewußtsein verdrängt. Sie verschwanden hinter den Mauern der Massenstallungen und Legebatterien, wo sie maschinell gefüttert und getränkt werden.[2] Diese

---

[1] *Hills 1989, S. 100.*

wachsende Entfremdung spiegelt sich auch in den Ernährungsgewohnheiten der heutigen Zeit wider, in der zunehmend Erzeugnisse auf den Markt kommen, an deren Form nichts mehr an die ursprüngliche Gestalt des ehemals lebendigen Tieres erinnert (zum Beispiel die Produkte der Schnellimbißkette McDonald's). Natürlich gibt es auch gegenläufige Tendenzen. Die Praktiken der Massentierhaltung werden in den Medien zunehmend kritisiert, und ein wachsendes öffentliches Bewußtsein schlägt sich auch in der Zunahme von ökologisch bewirtschafteten Bauernhöfen nieder. Dennoch bleibt festzuhalten, daß die vorherrschende Form des Umgangs mit Nutztieren von Ausbeutung und Gewinnmaximierung geprägt ist, und daß diese von unserem Wirtschaftssystem (Europäische Union und Weltmarkt) noch immer voll unterstützt wird.

Zu den Nutztieren zählen auch die Versuchstiere, denn Tierversuche zum Testen von Medikamenten dienen dem „Wohle des Menschen", und auch die bei uns bis in die achtziger Jahre durchgeführten Tests von Dekorativkosmetika haben einen wirtschaftlichen Nutzen. Andreas C. Bimmer zählt die Zoo- und Zirkustiere zu „Nutztieren in einem kulturellen Sinn", denn ihr Zweck ist die Belehrung und Unterhaltung von Menschen.[3]

Schädlinge, wie z. B. Ratten und sonstiges „Ungeziefer", haben mit der Gruppe der Nutztiere gemeinsam, daß auch sie unter einem Kosten-Nutzen-Aspekt wahrgenommen und bewertet werden; den nützlichen Tieren stehen die schädlichen gegenüber. Indem sie Krankheiten übertragen, die Ernte gefährden oder Vorräte vernichten, stellen sie eine reale Bedrohung für den Menschen dar.[4] Manche Tierarten, wie zum Beispiel Maikäfer, wurden früher aus triftigen Gründen verfolgt, bis sie vom Aussterben bedroht waren und unter Schutz gestellt wurden. Heute symbolisiert der ehemalige Schädling Maikäfer für einige Menschen auf nostalgisch-sentimentale Weise eine heile Kinderwelt von früher. Daß die Eingruppierung einer bestimmten Tierart in die Kategorie „Schädling" neben dem realen Hintergrund auch auf einer kulturellen Zuweisung basieren kann, weist Christoph Gasser in seiner Studie über die Sperlingsverfolgungen des 17. bis 20. Jahrhunderts nach.[5] Ob Schädlinge nun eine existenzielle Gefahr darstellen oder ob sie einfach nur lästig sind – der Umgang mit ihnen konzentriert sich auf ihre Ausrottung mit den verschiedensten Mitteln.

Die reale und gefühlsmäßige Distanzierung zu den Tieren, die in einer Kultur als Nutztiere oder als Schädlinge eingestuft werden, ist m. E. ein Indiz dafür, daß sie primär als *Gegenstand*

---

[2] *Vgl. Pose 1985, S. 180 und Bimmer 1991, S. 195f.*

[3] *Vgl. Bimmer 1991, S. 196.*

[4] *Zu den Schädlingen vgl. Meyer 1990, S. 90ff.*

[5] *Gasser 1991.*

wahrgenommen werden. Nutztiere sind in erster Linie *Besitz*, und ihr Wert ist ein rein materieller, auf die Nützlichkeit bezogener. Von Schädlingen distanziert man sich wegen ihres „Unwertes", ihre Beseitigung ruft keine Schuldgefühle hervor.

1.2 Der Hund als Heimtier: Gegenstand oder Person?

Hunde dagegen gehören in unserer Gesellschaft zu den *Haustieren.*[6] Der Begriff „Haustier" wird im allgemeinen Sprachgebrauch zuweilen auch auf domestizierte Nutztiere wie etwa Schafe oder Hühner angewandt. Um Unklarheiten zu vermeiden, sollen in der Folge nur Tiere, mit denen Menschen freiwillig und dauerhaft in einem Haushalt zusammenleben, als „Haustiere" oder „Heimtiere" bezeichnet werden. Der Zweck der Heimtierhaltung ist im Gegensatz zur Nutztierhaltung nicht das Erzielen eines ökonomischen Gewinns oder das Erfüllen einer praktisch-technischen Aufgabe.[7]

In deutschen Haushalten lebten 1993 4,6 Millionen Hunde, 5,3 Millionen Katzen, 7,8 Millionen Ziervögel, 3 Millionen Kleintiere, und es gab 3 Millionen Aquarien. Das bedeutet: In ungefähr jedem dritten deutschen Haushalt werden ein oder mehrere Heimtiere gehalten. Für Tiere, Fertignahrung und Zubehör gaben die Bundesbürger 1993 insgesamt 4.290 Millionen Mark aus.[8] Die Zahl der Haustiere in Deutschland stieg in den letzten Jahren kontinuierlich an und wird voraussichtlich noch weiter steigen.[9] Haustierhaltung ist demzufolge kein marginales Phänomen, sondern für einen beträchtlichen Teil der Bevölkerung ein wichtiger Bestandteil des Lebens:

> „In Westeuropa und in Amerika leben Seite an Seite zwei Gemeinschaften, die ständig miteinander in Verbindung stehen und aufeinander einwirken: die Gemeinschaft der Menschen und (...) die der Haus- und Hätscheltiere." [10]

Während man Tiere wie Fische, Meerschweinchen oder Hamster in der Regel nur dann zu Gesicht bekommt, wenn man die Wohnung eines Heimtierhalters betritt, so begegnet man dem „besten Freund des Menschen", nämlich dem Hund, auch auf der Straße, im Park oder in öffentlichen Verkehrsmitteln. Die Beziehung zwischen dem Hund und seinem „Herrchen" oder „Frauchen" spielt sich nicht nur hinter verschlossenen Türen ab; sie hat einen „semiöffentlichen" [11] Charakter. Das hebt den Hund aus der Gruppe der anderen Heimtiere heraus.

---

[6] *Selbstverständlich gibt es auch Ausnahmen: So werden Hunde hierzulande auch zu Tierversuchen eingesetzt, ebenso wie die Ratten. Als Versuchstiere sind Ratten keine Schädlinge mehr, sondern Nutztiere. Von manchen Punks als Heimtier gehalten, konnte die Ratte vor allem in den achtziger Jahren zum Zeichen einer Subkultur werden.*

[7] *Diese Definition entspricht in etwa der bei Wiedenmann; vgl. Wiedenmann 1993, S. 204.*

[8] *Zentralverband zoologischer Fachbetriebe e.V. 1994, S. 1.*

[9] *Telefonische Mitteilung der Pressestelle des Zentralverbandes der zoologischen Fachbetriebe.*

[10] *Szasz 1970, S. 15.*

Natürlich werden auch heute noch Hunde als Nutztiere für konkrete Aufgaben eingesetzt. Sie suchen bei der Bergwacht nach verschütteten Lawinenopfern, sie schnüffeln beim Grenzschutz nach Drogen, helfen Blinden bei der Orientierung, bewachen Gebäude und hüten Schafherden. In dieser Magisterarbeit geht es jedoch um die Beziehung zwischen Hunden und Menschen, die dieses Tier nicht für einen bestimmten praktischen bzw. ökonomischen Zweck, für eine bestimmte Aufgabe benötigen, sondern die es als Gefährten, eben als Haustier halten. Die englische Entsprechung von „Haustier" bzw. „Heimtier" ist „pet" oder „companion animal", wobei der Begriff „companion animal" (auf Deutsch etwa „Gefährtentier") zunehmend favorisiert wird, da er die Qualität der Bindung zwischen dem Besitzer und seinem Tier deutlicher zum Ausdruck bringt[12].

> „The term [companion animal] has several key elements: The animal is normally a domestic animal. It receives personal attention from the owner(s). It keeps in close proximity with, and is part of the daily life of, the owner(s). The primary benefits to the owner are noncommercial, although the animal may still have economic value. *Owner* refers to whoever has the relationship with the animal. The status of the animal is somewhere between property and person." [13]

Zwischen Mensch und Hund besteht demnach eine Beziehung, die keinen wirtschaftlichen Interessen dient, die gekennzeichnet ist durch räumliche Nähe und durch einen intensiven Kontakt, der das tägliche Leben prägt. Es ist die Beziehung zu einem Lebewesen, welches aus der Sicht des Menschen „irgendwo zwischen Besitz und Person" angesiedelt ist.

Der ambivalente Charakter der Beziehung zwischen Mensch und Hund offenbart sich im täglichen Umgang: Die meisten Hundehalter betrachten ihren Hund als Familienmitglied und bringen ihm eine große Zuneigung entgegen. Wenn Menschen ihrem Hund einen Namen geben, mit ihm sprechen, seinen Geburtstag feiern oder seinen Tod betrauern, verhalten sie sich wie in einer zwischenmenschlichen Beziehung. Dadurch wird der Hund anthropomorphisiert, d. h. vermenschlicht; er wird als *Person* wahrgenommen und behandelt.

Vermenschlichung ist aber nur *ein* Aspekt der Mensch-Hund-Beziehung, ein anderer ist die „Versachlichung" des Hundes. Der Hund gilt zugleich auch als Besitz, über den der Mensch verfügen kann: Man kann ihn kaufen, verschenken oder einschläfern lassen. Stirbt der Hund, kann man ihn durch einen neuen ersetzen. Letzteres sind Umgangsformen, die den Hund vom Bereich des Menschlichen abgrenzen, d. h. der Hund wird hier als *Gegenstand* wahrgenommen.

---

[11] *Bimmer 1991, S. 199.*
[12] *Vgl. Veevers 1985, S. 12.*
[13] *Young 1985, S. 299, Hervorhebung von Young.*

Ziel dieser Arbeit ist es, verschiedene Umgangsformen näher zu beschreiben, im Hinblick auf folgende Fragen:

Welche dieser Umgangsformen lassen auf eine Wahrnehmung des Hundes als *Person* schließen?

Welche Umgangsformen entsprechen einer Wahrnehmung des Hundes als *Gegenstand*?

Wenn Hundehaltung in dieser Form keinen ökonomischen Zwecken dient, welchen Nutzen hat sie dann?

Das Material zur Beantwortung dieser Fragen soll zum einen aus Literatur zum Thema „Mensch und Hund" sowie zum Thema „Mensch-Haustier-Beziehung", zum anderen aus Interviews mit Hundehaltern gewonnen werden. Dabei wird der theoretische Teil dieser Arbeit einen breiteren Raum einnehmen, als der empirische Teil. Dies hat einen bestimmten Grund: Hierzulande gibt es, vor allem im Bereich der Kulturwissenschaften, kaum Vorarbeiten zur Beziehung zwischen Mensch und Hund. Daher erscheint es mir sinnvoll, die o.g. Problemstellung zunächst ausführlich theoretisch darzustellen, um so einen Bezugsrahmen für die Ergebnisse aus den Interviews zu schaffen.

1.3 Der Hund als „Kulturwesen"

Auch für Leute, die selbst keinen Hund besitzen, sind die Hundespaziergänger in öffentlichen Parks wie dem Englischen Garten in München ein vertrauter Anblick. Zwar löst ein solches Tier in der „falschen Umgebung" bei den Anwesenden mitunter Belustigung oder Irritation aus, zum Beispiel wenn eine Studentin ihren Hund in die Vorlesung mitnimmt. Hundehaltung als solche aber scheint heute in unserer Kultur[14] zu den „Selbstverständlichkeiten" zu gehören, die normalerweise nicht in Frage gestellt werden.

Angesichts der Bandbreite der in der Volkskunde bereits untersuchten Gegenstände könnte man leicht der Versuchung erliegen, nach dem Motto „alles ist volkskundlich" einfach eine weitere „Selbstverständlichkeit" zum kulturwissenschaftlichen Gegenstand zu erheben. Da dies natürlich keine ausreichende Legitimation ist, soll im folgenden dargelegt werden, in welcher Hinsicht die Beziehung zwischen Mensch und Hund als Gegenstand der Kulturwissenschaft beschrieben und untersucht werden kann. Vereinfacht ausgedrückt: Was hat die Beziehung zwischen Mensch und Hund mit Kultur zu tun?

---

[14] *Bestimmte Kulturräume oder Kulturkreise genau zu definieren, ist problematisch. „Unsere Kultur" umfaßt in dieser Magisterarbeit alle industrialisierten Gesellschaften, die durch die Aufklärung und das Christentum geprägt sind, also zum Beispiel Europa und Nordamerika. Diese Gesellschaften weisen Gemeinsamkeiten im Umgang mit Tieren auf, die sie z. B. von islamisch oder buddhistisch geprägten Gesellschaften unterscheiden.*

In jeder Gesellschaft gibt es bestimmte Vorstellungen über die Beziehung des Menschen zu den Mitmenschen, zu den Dingen, zur Natur und zum Übernatürlichen. Die Ansichten darüber, was zu welcher Kategorie gehört, sind kulturbedingt. Die gesamte Umwelt des Menschen wird auf eine kulturspezifische Weise wahrgenommen und bewertet, indem man sie einteilt in Kategorien wie z. B. „gut oder böse“, „heilig oder profan“, „fremd oder vertraut“ oder „freundlich oder feindlich“. Daraus ergeben sich bestimmte Regeln über den „richtigen“ und den „falschen“ Umgang mit der Umwelt. Diese Regeln können explizit formuliert sein (z. B. als Gesetze oder als genau zu befolgende religiöse Vorschriften), oder sie können als unbewußte, verinnerlichte Normen wirken (z. B. die Kontrolle der Körperfunktionen, wie Norbert Elias sie in „Prozeß der Zivilisation“ beschrieben hat[15]). Die Beziehung des Menschen zu seiner Umwelt beruht somit auf einer kulturspezifischen Wahrnehmung und Ordnung, einer bestimmten Sicht der Welt; sie basiert auf einem kulturspezifischen „world view“.

Der Begriff „world view“ gehört zu einer Forschungsperspektive, mit der z. B. in den Fachbereichen Europäische Ethnologie und Folkloristik[16] in den skandinavischen Ländern gearbeitet wird. Es ist ein Konzept, das eine synchrone Perspektive (wie sie zum Beispiel der Strukturalismus aufweist) mit einer diachronen, historisch-materialistischen Betrachtungsweise verbindet.[17]

> „A world view can give a picture of *human nature*, the apprehension of mind and body; it can define the picture of the ‚I‘ and the individual in relation to the collective or draw the borders between the human and nonhuman, ‚culture‘ or ‚nature‘. A world view comprises the underlying acceptance of the *social landscape*, the classification of fellow creatures or the use of gender as a way of organizing social relations. It can underpin the acceptance and legitimation of power and hierarchy. Another important area of a world view comprises basic *cosmological* and *moralistic* principles, thus defining which forces affect our lives, how we draw the line between sacred and profane, between right and wrong, good and bad, pure and impure. This basic structure conditions, also, our way of determing time and space, our outlook on past and future of the cultural organization of the life cycle. It also gives the territorial landscape cultural meaning and defines social space, in expressions of distance and nearness, for example.“[18]

So beruht auch das Verhältnis des Menschen zur Tierwelt auf einer kulturspezifischen Wahrnehmung und Ordnung, denn diese gibt vor, wo die Grenzen zwischen „Kultur“ und „Natur“ gezogen werden, wie die „soziale Landschaft“ organisiert wird und an welchem Ort die

---

[15] *Elias 1989.*

[16] *An den meisten skandinavischen Universitäten sind diese beiden Fachbereiche getrennt, sie entsprechen in etwa unseren Bereichen der „geistigen“ und „materiellen“ Volkskultur.*

[17] *Es würde den Rahmen dieser Arbeit sprengen, genauer auf die wissenschaftsgeschichtlichen Wurzeln des „World view“-Konzeptes einzugehen. Vgl. deshalb Löfgren 1981b, besonders S. 23-26.*

[18] *Löfgren 1981a, S. 33, Hervorhebungen von Löfgren.*

„Mitlebewesen“ ihren Platz haben. Damit sind bestimmte Wertvorstellungen verbunden: Ein Tier kann dem Menschen „nahe“ oder „fern“ stehen. Es kann als „heilig“ gelten, wie der Hundegott Anubis im alten Ägypten, es kann als „Feind“ erlebt werden, wie der Wolf, der früher die Herden bedrohte, oder – wie der Hund heute für viele – ein „Freund“ und „Kamerad“ sein. Daß sich daraus bestimmte Umgangsformen ergeben, versteht sich fast von selbst. Einen Feind behandelt man anders als eine Gottheit, und wieder anders geht man mit einem Freund und Kameraden um.

In dem Themenband „Mensch und Tier“ der Hessischen Blätter für Volkskunde von 1991 bezeichnen Siegfried Becker und Andreas C. Bimmer die Tierhaltung als „kulturelle Leistung“.[19] Wie die Beziehung zwischen Mensch und Hund gestaltet wurde und wird, ist abhängig von historischen, sozialen und kulturellen Faktoren. In der langen Geschichte, in der Mensch und Hund miteinander verbunden sind, traten die Funktionen des Hundes als Wachhund, Jagdhund, Hütehund oder Ziehhund immer mehr in den Hintergrund zugunsten seiner gegenwärtigen Bedeutung als „Haus- und Hätscheltier“, so daß man hier von einem kulturellen Wandel sprechen kann.

Vor über 10.000 Jahren hatte der Prozeß der Domestikation eingesetzt: Der Mensch hatte durch gezielte Auslese und Züchtung so in das genetische Material des Wolfes eingegriffen, daß der Hund hervorgebracht wurde, aus dem sich dann allmählich die verschiedenen Hunderassen entwickelten. Unter den ca. 350 Hunderassen, die es heute gibt[20], sind die unterschiedlichsten Typen vertreten. Es gibt langhaarige und kurzhaarige Rassen, einfarbige und gescheckte, pflegeleichte und anspruchsvolle, angriffslustige und friedliche – vom lieben, kinderfreundlichen Familienhund bis zur aggressiven „Kampfmaschine“ sind alle Varianten vorhanden. Es ist kaum zu glauben, daß der Irische Wolfshund, der als größter Hund der Welt über 80 Zentimeter Schulterhöhe und ein Gewicht von bis zu 54 Kilogramm erreichen kann, und der kleinste Hund der Welt, der Chihuahua mit einer Größe von maximal 20 Zentimetern und einem Gewicht zwischen einem halben und zweieinhalb Kilogramm, zur selben Spezies gehören.[21]

Damit ist der Hund nicht nur ein Lebewesen, das mit Begriffen und Konzepten der Biologie beschrieben werden kann, sondern als Ergebnis von Züchtungen, die sowohl seine Gestalt als auch seinen Charakter nach Moden und Bedürfnissen der Menschen formten, ein „Kulturwesen“ [22].

---

[19] *Becker; Bimmer 1991b, S. 7.*

[20] *Vgl. Kühl 1992, S. 204.*

[21] *Die Größen- und Gewichtsangaben stammen aus Trumler 1984, Hundebeschreibungen Nr. 35 und Nr. 78.*

1.4 Auf der Suche nach dem „empirischen Kulturhund“ – ein Forschungsüberblick

In einem scherzhaft formulierten Beitrag im „Tübinger Korrespondenzblatt“ vom September 1974 stellt Hermann Bausinger fest, daß es zwei Hundetypen gibt. Der eine, der „traditionelle Typ“[23], ist „dem Leser volkskundlicher Publikationen wohl vertraut“[24], er hat Verbindung zur Geisterwelt und magische Kräfte. Neben diesem „traditionellen Typ“, für den Bausinger die Bezeichnung „Folkshund“ [*sic*] vorschlägt, gibt es noch einen zweiten Typ, den „empirischen Kulturhund“ [25] – der, wie Bausinger ausführt, allerdings noch weitgehend unerforscht ist.[26]

In der Tat sind im „Handwörterbuch des deutschen Aberglaubens“ (HdA) auf insgesamt knapp über 19 Spalten die übersinnlichen Fähigkeiten des Hundes, wie man sie nutzen kann und wie man sich davor schützen kann, beschrieben.[27] Mit einigen dieser Phänomene hat man sich genauer beschäftigt: In der Steiermark etwa ranken sich besondere Glaubensvorstellungen um Hunde mit Flecken über den Augen. Leopold Kretzenbacher ist dem Ursprung und der Verbreitung des Glaubens, solche „Vieräugel“ könnten Almgeister abwehren, nachgegangen.[28] Zum „traditionellen“ Hundetyp dürften auch die Hundekönige und die hundeköpfigen Wesen aus verschiedenen Sagen und Legenden gehören, mit denen sich zum Beispiel Anton Avanzin befaßt hat.[29]

Demgegenüber wird das Thema „empirischer Kulturhund“ nur in wenigen volkskundlichen Publikationen berücksichtigt: So gibt es z. B. in der Arbeit von Fél und Hofer über das ungarische Dorf Átány ein Kapitel über das Verhältnis der Átányer Bauern zu ihren Tieren mit einem kleinen Abschnitt über Hunde und Katzen.[30] Erwähnenswert ist auch ein Aufsatz von Leopold Schmidt über die Stachelhalsbänder von Hirtenhunden.[31] Die Stacheln dieser Halsbänder waren nach außen gerichtet, um die Hütehunde vor angreifenden Wölfen zu schützen. Zusammen mit dem Beitrag von Bausinger sind im Tübinger Korrespondenzblatt von 1974 noch ein Aufsatz von Utz Jeggle, der über den „Nutzen der Hunde“ reflektiert[32], sowie ein

---

[22] *Bringéus 1990; vgl. dazu besonders S. 9: „Ein ‚Kulturwesen‘ meint den Gegensatz zu einem ‚Naturwesen‘.“*
[23] *Bausinger 1974, S. 5.*
[24] *Ebd., S. 3.*
[25] *Ebd., S. 6.*
[26] *Ebd., vgl. besonders S. 4.*
[27] *Vgl. den Beitrag von Güntert zum Stichwort „Hund“, HdA Sp. 470-490.*
[28] *Kretzenbacher 1960.*
[29] *Avanzin 1956.*
[30] *Fél; Hofer 1972, S. 144-145.*
[31] *Schmidt 1960.*
[32] *Jeggle 1974, siehe auch S. 55 in dieser Arbeit.*

Beitrag von Martin Scharfe, der Vergleiche von „Herr und Hund“ in diversen Bilderbögen des 19. Jahrhunderts analysiert[33], erschienen.

Seit Erscheinen dieser Aufsätze hat sich nicht viel geändert – es gibt nur wenige Veröffentlichungen in der Volkskunde[34], die sich mit dem „empirischen Kulturhund“, dem Gegenstand dieser Magisterarbeit, befassen. Neben einem 1977 erschienenen Beitrag zum „Hund im Volksleben“ im Schweizer Archiv für Volkskunde[35] wären vor allem zwei Veröffentlichungen hervorzuheben: Zum einen handelt es sich um die Arbeit von Jutta Buchner über die Bedeutung des Hundes in der wilhelminischen Klassengesellschaft[36] – auf die an anderer Stelle noch näher eingegangen wird –, zum anderen um die Untersuchung von Hermann Kaiser mit dem Titel „Ein Hundeleben“ [37]. Diese Arbeit über die Geschichte der „Bauernhunde und Karrenköter“ im Weser-Ems-Gebiet entstand als Begleitbuch zu einer Ausstellung im Freilichtmuseum Cloppenburg. Kaiser zeigt anhand von reichhaltigem Quellenmaterial auf, man Hunde als Nutztiere einsetzte und oftmals regelrecht ausbeutete: So wurden Hunde z. B. vor Milchkarren gespannt oder dienten in Laufrädern als Energielieferanten für die Butterherstellung.

Generell kann man feststellen, daß in der Volkskunde Veröffentlichungen zur Rolle von Tieren in Erzählungen, Glaubensvorstellungen oder auf bildlichen Darstellungen, im Vergleich zu den Publikationen, die sich mit realen Tieren befassen, bei weitem überwiegen. So wurden z. B. Tiergestalten in Märchen und Fabeln[38], Tierwitze „und was dahinter steckt“ [39]; oder Tierbilder in Wohnungen[40] untersucht.

Die Arbeiten von Martin Scharfe sowie von Roland und Dieter Narr gehören zu den wenigen Veröffentlichungen, bei denen die Beziehung zu echten Tieren im Mittelpunkt steht. Sie zeigen anhand von historischen Quellen die Entwicklung des Tierschutzgedankens auf.[41] Besonders hervorzuheben ist außerdem die Untersuchung von Orvar Löfgren zur Entwicklung der bürgerlichen Einstellung zur Natur und zur Tierwelt[42], auf die im zweiten Kapitel dieser Arbeit näher eingegangen wird.

---

[33] *Scharfe 1974.*

[34] *Der Einfachheit halber werden hier auch ehemals volkskundliche Fachbereiche die heute anders heißen, wie z. B. Europäische Ethnologie, Empirische Kulturwissenschaften etc. als „Volkskunde“ bezeichnet.*

[35] *Thalmann 1977; vgl. auch den Beitrag von Heim, der 1931 in „Schweizer Volksleben“ erschien.*

[36] *Buchner 1991.*

[37] *Kaiser 1994.*

[38] *Z.B. Röhrich 1990, Bausinger 1990.*

[39] *Röhrich 1977.*

[40] *Neißer 1970.*

[41] *Scharfe 1968 und 1984, sowie Narr; Narr 1967.*

[42] *Löfgren 1985; vgl auch Löfgren 1986.*

> „In den bisherigen volkskundlichen, aber auch in den weiteren sozialwissenschaftlichen Studien zum Tier, z. B. in der Brauch-, Erzähl- oder Geräteforschung, spielten Tiere immer nur eine sachbezogene Rolle am Rande des Interesses, selten wurde die sozial-kulturelle Qualität der Beziehung zum Menschen hinterfragt und dargestellt. Überdies dominierten hier eindeutig die Tiere des Bauernhofes – getreu der traditionellen Ausrichtung des Faches. Anspannen, Pflügen, Schlachten, Aberglaube, der Wolf im Märchen, Tiersegen und vieles andere ähnliche mehr waren die Themen, die gerne und regelmäßig behandelt wurden.“ [43]

Dieses Zitat von Andreas C. Bimmer stammt aus dem 1991 erschienenen Themenband „Mensch und Tier“ aus der Reihe „Hessische Blätter für Volks- und Kulturforschung“.[44] Der Band enthält eine Reihe von Aufsätzen, die sich mit der Beziehung zu realen Tieren befassen. Die Haustiere jedoch, die im täglichen Leben vieler Menschen eine wichtige Rolle spielen, sind auch hier unterrepräsentiert. Neben dem bereits erwähnten Aufsatz von Jutta Buchner finden sich in diesem Band lediglich zwei weitere Darstellungen, die sich eingehender mit dem Phänomen „Heimtierhaltung“ auseinandersetzen.[45]

Noch in den fünfziger Jahren interessierte sich auch in anderen Wissenschaften kaum jemand für die sozialen und kulturellen Aspekte der Beziehung zwischen Menschen und Hunden oder anderen Haustieren. Damals hielt der Direktor des „Family Study Center“ der Universität von Chicago einen Vortrag mit dem Titel „A Neglected Member of the Family“ und stellte fest:

> „The member of the family who (...) has been almost totally neglected by the many disciplines which study human development is the dog . . . or, as less popularly known, *canis familiaris*.“[46]

Dies sollte sich einige Jahre später grundlegend ändern. Der amerikanische Kinderpsychiater Boris Levinson war der erste, der den Ausdruck „pet therapy“ prägte und den Nutzen von Hunden bei der Behandlung psychisch gestörter Kinder beschrieb. Levinson hatte bemerkt, daß mehrere seiner sehr zurückgezogenen und kaum ansprechbaren kleinen Patienten sich seinem Hund Jingles zuwandten, ihn streichelten und eine freundschaftliche Beziehung zu ihm aufbauen konnten. Über den Hund fanden sie dann allmählich Zugang zu ihrem Therapeuten. So kam Levinson auf den Gedanken, Hunde als therapeutisches Hilfsmittel bei der Behandlung von Kindern einzusetzen, und stellte seine Erkenntisse in den Schriften von 1961 „The Dog as Co-therapist“[47] und 1969 „Pet-Oriented Child Psychotherapy“[48] der wissenschaftlichen Öffentlichkeit vor.

---

[43] *Bimmer 1991, S. 200.*
[44] *Becker; Bimmer 1991a.*
[45] *Blohm 1991 und Dzierzon 1991.*
[46] *Foote, S. 213, Hervorhebung von Foote.*
[47] *Zitiert nach Levinson 1983, S. 537.*
[48] *Zitiert nach Serpell 1986, S. 73.*

Obwohl Levinsons Kollegen anfangs mit Skepsis reagierten[49], werden seine Arbeiten heute als „Initialzündung“ [50] für eine intensivere wissenschaftliche Beschäftigung mit dem Thema „Mensch-Haustier-Beziehung“ überhaupt gewertet, denn die logische Konsequenz war nun, das Forschungsinteresse auf den Einfluß von Hunden und anderen Heimtieren auf verschiedenste Formen sozialer Interaktionen zu richten.[51]

An der Erforschung der sozialen, psychologischen und kulturellen Aspekte der Beziehung zwischen Mensch und Haustier sind seitdem diverse wissenschaftliche Disziplinen beteiligt. Es gibt einen internationalen und interdisziplinären Diskurs, an dem Wissenschaftler vor allem aus den Bereichen der Human- und Veterinärmedizin, Zoologie, Ethologie, Psychologie, Psychiatrie, Pädagogik, Soziologie und Anthropologie teilnehmen. Die Erforschung dieses Themas fand ihren Niederschlag in zahlreichen Veröffentlichungen, die in einer Magisterarbeit leider nicht alle in gebührenden Maße berücksichtigt werden können. Deshalb sei hier auf die meines Wissens umfangreichste Bibliographie zur Mensch-Haustier-Beziehung verwiesen: Sie befindet sich in dem 1983 erschienenen Band „New Perspectives on Our Lives with Companion Animals“ [52] und umfaßt 37 Seiten. Aktueller, dafür aber weit weniger umfassend, ist z. B. das Literaturverzeichnis bei Rheinz.[53]

Das Spektrum der Themen reicht vom Zusammenhang zwischen Haustierhaltung und Persönlichkeitsmerkmalen über den Einfluß von Heimtieren auf die kindliche Entwicklung bis hin zur Bedeutung von Haustieren für die Insassen von Altenheimen, Krankenhäusern, Gefängnissen, psychiatrischen Anstalten oder Kinderheimen. Auch der Stellenwert von Heimtieren in der Gesellschaft und ethische Aspekte der Tierhaltung werden diskutiert.

In Deutschland scheint man noch keinen Anschluß an die internationale Forschung zur Beziehung zwischen Mensch und Haustier gefunden zu haben. Hierzulande sind wissenschaftliche Darstellungen der sozialen, psychologischen und kulturellen Aspekte dieser Beziehung vergleichsweise selten.

> „Bis auf wenige Ausnahmen scheint sich die Untersuchung der Mensch-Tier-Interaktion noch nicht als seriöser Forschungsgegenstand an deutschsprachigen Universitäten etabliert zu haben“,

heißt es in der kürzlich erschienenen Abhandlung „zur Psychologie der Beziehung zwischen Mensch und Tier“ von Hanna Rheinz.[54]

---

[49] *Vgl. Levinson 1983, S. 537; Levinsons Kollegen verspotteten ihn mit der Frage, ob er sich mit dem Hund sein Honorar teile, vgl. Rheinz 1994a, S. 27.*

[50] *Veevers 1985, S. 11.*

[51] *Vgl. ebd., S.11f; Messent 1985, S.387.*

[52] *Beck; Katcher 1983.*

[53] *Rheinz 1994a.*

Somit stellt die vorliegende Magisterarbeit durchaus ein Desiderat dar. Die Beziehung zwischen Mensch und Tier, insbesondere die Beziehung zum Hund als Haustier fand bis dato weder in der Volkskunde noch in anderen Wissenschaftsdisziplinen im deutschsprachigen Raum die Beachtung, die sie aufgrund ihrer Relevanz verdient hätte.

1.5 Vorgehensweise

Im zweiten Kapitel dieser Arbeit sollen zunächst kulturelle Unterschiede im Umgang mit Hunden anhand einiger Beispiele aus verschiedenen Kulturkreisen aufgezeigt werden, um dann in diachroner Perspektive einen kurzen Überblick über den kulturellen Wandel in der Beziehung zwischen Mensch und Hund im europäischen Raum zu geben. Dieser Perspektivenwechsel erscheint mir sinnvoll, denn dadurch werden m. E. die kulturellen Aspekte der Hundehaltung in ihren heutigen Formen nachvollziehbarer.

Anhand von Beispielen aus der wissenschaftlichen Literatur soll dann im dritten Abschnitt aufgezeigt werden, auf welche Weise Hunde anthropomorphisiert und damit als Person wahrgenommen und behandelt werden können. Indizien dafür, daß der Hund als Gegenstand eingestuft wird, sollen ebenfalls erörtert werden, um zu zeigen, wo die Grenzen der Anthropomorphisierung des Hundes liegen können. Der ambivalente Status des Hundes als Haustier äußert sich – so meine These – durch verschiedene Umgangsformen. Die Art, wie man im täglichen Leben mit einem Hund umgeht – und auch die Art, wie man mit einem Hund *nicht* umgeht, läßt Rückschlüsse darauf zu, wie der Hund in unserer Kultur wahrgenommen wird.

Ein wichtiger Aspekt der Beziehung zwischen Mensch und Hund, sind die Objekte, die im Umgang mit Hunden verwendet werden. Ein Abschnitt des dritten Kapitels ist deshalb den Hundezubehörartikeln gewidmet, die anhand eines Kataloges als Quelle beschrieben und analysiert werden sollen.

> „We want to analyse how cultural values, ideas and aspirations are anchored in everyday experience and knowledge: how seemingly trivial routines and rituals have an important role in maintaining or enforcing a certain world view, and how everyday experiences in turn influence a people's cultural perception of the world." [55]

Mit Ausnahme des Abschnittes 3.7 fußt das dritte Kapitel überwiegend auf Sekundärliteratur mit unterschiedlichen theoretischen und methodischen Grundlagen, denn zum Zusammenhang zwischen *verschiedenen* Umgangs- und Wahrnehmungsformen existiert meines Wissens noch kein einheitliches Konzept. Unter anderem werden strukturalistische Überlegungen zum

---

[54] *Ebd., hier S. 17.*

[55] *Löfgren 1981a, S. 27.*

Zusammenhang von Nahrungstabus und der kulturellen Einstufung von Heimtieren kombiniert mit Erhebungen zur Stellung des Hundes in der Familie mittels Methoden der empirischen Sozialforschung. Gemeinsamer Nenner dieser verschiedenen Zugänge ist die Frage nach der Wahrnehmung.

Im vierten Kapitel geht es dann um die Funktionen der Hundehaltung, d. h. „welche individuellen und gesellschaftlichen Bedürfnisse" die Beziehung zwischen Mensch und Hund als „kultureller Zug" befriedigt und „welche Verhaltensmuster er ermöglicht".[56] Auch dieses Kapitel über „Kosten und Nutzen" der Hundehaltung basiert auf Sekundärliteratur.

An dieser Stelle sei auf ein Problem hingewiesen: Aufgrund der Forschungslage mußte nicht nur auf Literatur aus verschiedenen wissenschaftlichen Disziplinen, sondern auch auf Darstellungen aus verschiedenen Ländern, unter anderem aus Großbritannien und den USA, zurückgegriffen werden. Es bedarf m. E. noch genauerer Untersuchungen, ob die Ergebnisse zur Mensch-Haustier-Beziehung, die in anderen Ländern gewonnen wurden, ohne weiteres auf die deutsche Situation übertragen werden können, denn es bestehen ja durchaus kulturelle Unterschiede in anderen Lebensbereichen. Vorläufig müssen daraus resultierende Ungenauigkeiten jedoch hingenommen werden.

Um genaueres darüber zu erfahren, wie die Beziehung zwischen Mensch und Hund im konkreten Einzelfall gestaltet wird, wurde es erforderlich, weiteres Material auf empirischem Wege zu erschließen. In der Volkskunde werden vor allem die „weichen", d. h. die qualitativen Methoden der empirischen Sozialforschung angewandt, denn u. a. erschließen diese auch „Zwischenbereiche und Zwischentöne", die bei quantitativen Erhebungen oft nicht erfaßt werden können.[57] Zur volkskundlichen Feldforschung, d. h. der „planmäßigen Erhebung von eigenen Daten an Ort und Stelle ihres Vorkommens" [58] gehören u. a. die Verfahren der Beobachtung, insbesondere die „offene teilnehmende Beobachtung", und die der schriftlichen und mündlichen Befragung.[59]

Eine schriftliche Befragung hat vor allem den Vorteil, daß sich die gewonnenen Daten relativ gut auswerten und vergleichen lassen, vorausgesetzt man verwendet einen gut durchstrukturierten Fragebogen mit überwiegend geschlossenen Fragen, also eigentlich ein „hartes" Verfahren. Die Nachteile einer schriftlichen Befragung bestehen darin, daß die Angaben schwer überprüft werden können (man hat keine Kontrolle darüber, wer den Fragebogen ausfüllt), daß

---

[56] *Vgl. R. Linton: The Study of Man. New York 1936, S. 401-421; zit. nach Honko 1987, Sp. 564.*
[57] *Vgl. Bausinger 1980, S. 19.*
[58] *Brednich 1988, S. 84.*
[59] *Vgl. ebd., S. 82ff.*

die Befragten keine Möglichkeit haben, Unklarheiten direkt auszuräumen, und daß detaillierte Antworten, verbunden mit der Rücksendung der Unterlagen, eine hohe Motivation der Beteiligten erfordern und demzufolge mit einem schlechten Rücklauf zu rechnen ist.[60]

Die teilnehmende Beobachtung, mit der das „konkrete Verhalten von Menschen in bestimmten Situationen" erforscht wird, gilt als die „intensivste und wirksamste, wenngleich schwierigste Methode der Feldarbeit".[61] Hier können die Daten weitgehend ungefiltert im direkten Lebenszusammenhang gewonnen werden; der Einfluß des Forschers auf die Beobachtungssituation muß aber immer mitreflektiert werden. Neben der Verfälschung von Daten durch Beobachtungs- und Interpretationsfehler können bei diesem Verfahren auch ethische Probleme entstehen. Ein hoher Partizipationsgrad des Beobachtenden kann zwar zu genaueren Einblicken führen, birgt aber die Gefahr des „going native", einer übergroßen Identifikation mit der Gruppe, und stellt zudem hohe Anforderungen an das Verantwortungsbewußtsein des Forschers im Hinblick auf die Veröffentlichung der Ergebnisse[62].

Eine schriftliche Befragung von Hundehaltern und teilnehmende Beobachtungen zum Zusammenleben von Mensch und Hund kamen aus arbeitsökonomischen Gründen nicht in Frage, denn beide Methoden erfordern einen erheblichen Zeitaufwand: Bei der schriftlichen Befragung muß eine Frist zwischen Versendung und Rücksendung der Fragebögen einkalkuliert werden und eine teilnehmende Beobachtung müßte über einen längeren Zeitraum durchgeführt werden, um auch Phänomene zu erfassen, die innerhalb eines längeren Zeitraumes stattfinden. Da mir auch daran gelegen war, Meinungen und Einstellungen der Hundehalter zu erfahren, hätte zudem die teilnehmende Beobachtung als alleinige Erhebungsform nicht genügt. Außerdem wären bei letzterem Verfahren auch Verhaltensänderungen des Hundes zu erwarten gewesen[63].

Aufgrund dieser Überlegungen entschied ich mich für das Verfahren der mündlichen Befragung und führte im Dezember 1994 vier teilstandardisierte Interviews (Leitfadeninterviews) mit ebensovielen Hundebesitzern durch. Befragt wurden eine Studentin mit einem Rauhhaardackel, eine Hausfrau mit einer Mischung aus Riesenschnauzer und Dogge, eine Sekretärin mit einem Rauhhaardackel und ein Journalist mit einem Entlebucher Sennenhund. Die Gespräche wurden auf Tonband aufgezeichnet und anschließend nach einem vereinfachten Schema transkribiert. Die Auswertung der Interviews erfolgte mittels „qualitativer

---

[60] *Zu den Nachteilen der schriftlichen Befragung vgl. Atteslander 1984, S. 115f.*

[61] *Brednich 1988, S.88.*

[62] *Vgl. dazu Brednich 1988, S. 89.*

[63] *Aus diesem Grunde hat auch Rehm für seine Dissertation zum Thema „Kind und Hund" auf das Verfahren der teilnehmenden Beobachtung verzichtet; vgl. Rehm 1993, S. 48.*

Inhaltsanalyse".[64] Zusätzliche Eindrücke, z. B. zur Gesprächsatmosphäre, wichtige Äußerungen, die vor oder nach Einschalten des Bandes fielen, wurden darüber hinaus in Stichpunkten schriftlich festgehalten. Auf den Inhalt und den Einsatz des Interviewleitfadens, der unter anderem Fragen zu den Motiven für die Anschaffung eines Hundes, zum täglichen Umgang mit dem Hund und zum Stellenwert des Hundes im Leben des Besitzers enthielt, wird zu Beginn des fünften Kapitels näher eingegangen – ebenso auf die Auswahl der Interviewpartner, die nach dem „Schneeballsystem" erfolgte.

Natürlich haben die gewonnenen Ergebnisse aufgrund der geringen Anzahl von nur vier Interviews keinesfalls repräsentativen, sondern lediglich exemplarischen Charakter: Aufgezeigt werden können einige von vielen möglichen Wahrnehmungs- und Umgangsformen, die einem Hund von seinem Besitzer entgegengebracht werden. Überdies lassen sich dadurch Aussagen über eventuelle Einflüsse des Alters und Geschlechts des Hundebesitzers, des sozialen und räumlichen Umfeldes (Schicht, Stadt-Land-Unterschiede) auf die Beziehung zum Hund nur in geringem Umfang machen.

Es soll und kann nicht das Anliegen dieser Arbeit sein, die Beziehung zwischen Mensch und Hund in all ihren Facetten erschöpfend zu behandeln. Vielmehr soll dieser „Beitrag zur Wahrnehmung eines Lebewesens" einen Einblick vermitteln in ein von der Volkskunde bis dato kaum erschlossenes Forschungsfeld und einen Zugang zu weiteren Fragestellungen eröffnen.

---

[64] *Vgl. dazu Mayring 1991.*

2. Perspektivenwechsel

2.1 Kulturelle Unterschiede im Umgang mit Hunden

Der Hund gilt in unserer Kultur[65] als der „beste Freund des Menschen". Niemand würde ohne zwingenden Grund einen Hund töten oder gar essen. In seinem Buch „In the Company of Animals" bezeichnet der Zoologe James Serpell den Hund sogar als westliche Entsprechung der heiligen Kuh Indiens.[66] Im Nahen Osten dagegen symbolisiert der Hund das Schmutzige und Niedrige, dort versucht man den Kontakt mit Hunden generell zu vermeiden. Hunde gelten im Islam als unrein und werden als Parias betrachtet[67], dasselbe gilt für das Judentum: Im Alten Testament lassen sich etliche Textstellen finden, in denen der Hund als verachtete Kreatur beschrieben wird.[68]

Für die Eskimos ist der Schlittenhund ein lebenswichtiges Transportmittel. Dennoch ist ihre Beziehung zum Hund keineswegs liebevoll, Hunde bekommen nur das Nötigste an Nahrung und Pflege und werden selten belohnt – im Gegenteil, sie werden mit Schlägen und Fußtritten zur Arbeit angetrieben. Auch bei den Utku-Eskimos gelten die Schlittenhunde normalerweise als Nutztiere und werden für unsere Verhältnisse ziemlich brutal behandelt. Kinderlose Ehepaare jedoch „adoptieren" manchmal einen Welpen, dem sie all die Aufmerksamkeit und Zuneigung entgegenbringen, die in dieser Kultur normalerweise den Kindern zukommt.[69]

Wieder anders sieht die Situation in China, Korea und auf den Philippinen aus, wo Hunde als Delikatesse gelten.[70] Die kulturellen Unterschiede zwischen Europa und Fernost im Umgang mit Hunden werden in der modernen Sage „Ein Restaurantbesuch in Hongkong" thematisiert:

Ein Schweizer Ehepaar besuchte zusammen mit seinem Pudel Rosa ein Restaurant in Hongkong. Da auch der Hund etwas zu fressen bekommen sollte, zeigten die Schweizer auf ihren Pudel und machten entsprechende Gesten, um das dem Kellner verständlich zu machen. Der Kellner nickte und verschwand mit dem Pudel in der Küche, um – so dachte das Paar – dem Hund dort etwas zu fressen zu geben. Umso größer war der Schock, als der Kellner nach einer Weile mit einer großen Schüssel zurückkam, auf der ihr Liebling lag: gebacken und mit Bambussprossen garniert![71]

---

[65] *Siehe Anm. 14.*
[66] *Serpell 1986, S. V (Preface).*
[67] *Vgl. Brown 1985, S. 313.*
[68] *Vgl. Brackert;van Kleffens 1989, S. 49 und S. 60.*
[69] *Vgl. Serpell 1986, S. 156f und Savishinsky 1983 S. 119.*
[70] *Vgl. Serpell, 1986, S. V.*
[71] *Nach Bengt af Klintberg 1990, S. 168.*

In dieser Geschichte kommt zum Ausdruck, daß in verschiedenen Kulturen zur selben Zeit offensichtlich eine bestimmte Tierart mit ganz verschiedenen Wertvorstellungen und Umgangsformen behaftet sein kann. In der einen Kultur ist der Hund lediglich ein Nahrungsmittel, in der anderen ein Freund mit einem Namen, zu dem man eine emotionale Beziehung unterhält.

Bei den Eskimos und in bestimmten fernöstlichen Kulturen gelten Hunde also primär als Nutztiere, einmal als Transportmittel und einmal als Nahrungsmittel, während man im Nahen Osten offensichlich überhaupt keine Verwendung für Hunde findet. Daß Hunde, wie in unserem Kulturkreis, primär als Heimtiere wahrgenommen und behandelt werden, kann in anderen Kulturen, wie z. B. bei den Eskimos, eine Ausnahmesituation darstellen. Der Umgang mit dem Hund beruht somit auf kulturspezifischen Formen der Wahrnehmung und Bewertung[72].

2.2 Historischer Wandel im Umgang mit Hunden

Zoologisch gehört der Hund wie der Wolf, der Schakal, der Dingo und der Kojote zur Familie der „Hundeartigen", der Caniden. Daß der Wolf der Vorfahre aller Hunde ist, gilt inzwischen als gesichert, ebenso daß der Hund das älteste Haustier des Menschen ist. Die Anfänge der Beziehung zwischen Mensch und Hund, die vermutlich schon seit 12.000 Jahren[73] besteht, liegen allerdings noch im Dunkeln. Es ist nicht bekannt, ob die Nomaden der Altsteinzeit wilde Wolfsjunge eingefangen und gezähmt haben oder ob einige Wölfe sich von sich aus an die Lagerstätten der Menschen herangewagt haben, um sich von deren Abfällen zu ernähren. Diverse Felszeichnungen lassen darauf schließen, daß einer der ersten Verwendungszwecke des Hundes der Einsatz bei der Jagd gewesen sein muß. Auch aus der Etymologie lassen sich Indizien dafür finden. Das griechische Wort für Jäger lautet *Kynegetes*, was soviel wie „Hundeführer" bedeutet, im Altnordischen heißt der Jäger oder Fänger *hundr* und auch das englische Wort für Jäger *hunter* ist offenbar vom Wortstamm „Hund" abgeleitet.[74]

Schriftliche Überlieferungen, z. B. Hundebücher über Haltung, Aufzucht und Pflege sowie bildliche Darstellungen belegen, daß es in der Antike bereits verschiedene Hundearten für verschiedene Zwecke gab: für die Jagd, für die Bewachung von Haus, Hof und Vieh und wegen ihrer „Verbindung von Nützlichkeit und Wildheit"[75] auch für den Einsatz im Krieg. Als

[72] *Es muß hier allerdings ausdrücklich betont werden, daß es sich bei diesen Beispielen um sehr pointierte Charakterisierungen verschiedener Kulturen handelt. In jeder Kultur gibt es Individuen oder Teilkulturen, die sich in ihrem Verhalten von der Mehrheit unterscheiden. Diverse chinesische Kaiser hegten und hätschelten ihre Palasthunde, und auch heute gibt es wieder Chinesen aus der Oberschicht, die sich Hunde als Heimtiere halten – sie werden jedoch vor allem von der Obrigkeit mit Skepsis betrachtet, weil dieses Verhalten immer noch als bourgeoise Dekadenz diskreditiert wird. Vgl. dazu Serpell 1986, S. 34f; Tuan 1984 S. 105.*

[73] *Young 1985, S. 302; neuere Quellen gehen von 14.000 Jahren aus, z. B. Furtmayr-Schuh 1994, S. 62.*

[74] *Brackert; van Kleffens 1989, S. 15.*

[75] *Ebd., S. 19.*

Jagdhund, Hütehund, Wachhund oder Kriegshund erfüllte der Hund in der Antike vor allem praktisch-technische Aufgaben. Griechen und Römer aus der Oberschicht brachten ihren Hunden aber auch schon ein Maß an Zuneigung und Wertschätzung entgegen, das über ein reines Nützlichkeitsdenken hinausging. So wurden die Lieblingshunde der Reichen mit Leckerbissen verwöhnt, ihre Halsbänder waren mit Gold und Korallen verziert und sie wurden würdig bestattet. Manchen wurde sogar ein Grabmal gesetzt.[76]

Mit der Entwicklung der Ständegesellschaft hatten sich auch zwei „Klassen" von Hunden herausgebildet.[77] Auf der einen Seite standen die Jagd- und Luxushunde der Oberschicht, auf der anderen die „Bauernhunde und Karrenköter" der Unterschicht.[78] Im Mittelalter, als die Jagd längst ihre Bedeutung als Mittel zum Überleben verloren hatte und zum ständischen Privileg geworden war, war der Jagdhund zum Symbol für eine höfisch-aristokratische Lebensweise geworden. Zu jener Zeit kam auch das Schoßhündchen für die adeligen Damen auf, das feminine Gegenstück zum maskulinen Jagdhund der Herren. Die Popularität des Schoßhündchens erreichte im 16. Jahrhundert ihren Höhepunkt. Klein, zart und wirtschaftlich absolut nutzlos, repräsentierte dieses ausschließlich für emotionale Bedürfnisse gezüchtete Tier ebenfalls einen aristokratischen Lebensstil. Die verschiedenen Hundearten symbolisierten somit sowohl Standesunterschiede als auch die Unterschiede zwischen den Geschlechtern.[79]

Neben den Jagdhunden und den sogenannten Damenhunden wurden etwa seit dem 18. Jahrhundert auch die ersten Modehunde gezüchtet. In Frankreich waren es unter Ludwig XVI die Pudel, die dann von den Möpsen abgelöst wurden. Ungefähr zur selben Zeit waren in Großbritannien die King-Charles-Spaniels in Mode, gefolgt von den Irischen Wolfshunden. Um die Jahrhundertwende waren die Collies ausgesprochen populär, in den zwanziger Jahren dann die Pekinesen, die Foxterrier und die Scotchterrier, danach kamen Cockerspaniels, Bassets und Yorkshire-Terrier in Mode.[80]

Im 19. Jahrhundert wurden die Jagdprivilegien des Adels mehr und mehr eingeschränkt bzw. abgeschafft. Das wohlhabende Bürgertum konnte nun ebenfalls an dieser vormals rein aristokratischen Freizeitbeschäftigung teilhaben, und der Hund hielt Einzug in die bürgerliche Familie.[81]

---

[76] *Zur Beziehung der Oberschicht zu ihren Hunden in der Antike Vgl. Brackert; van Kleffens 1989 S. 20ff und Serpell 1986, S. 34ff; in beiden Büchern finden sich ausführliche Belege und Textbeispiele aus antiken Dichtungen, die den Hund preisen.*

[77] *Vgl. Bergler 1986, S. 17 und Serpell 1986, S. 36.*

[78] *Kaiser 1994.*

[79] *Vgl. Buchner 1991, S. 122.*

[80] *Vgl. Bergler 1986, S. 18.*

[81] *Vgl. Buchner 1991, S. 122.*

Natürlich besaßen zu jener Zeit auch die ärmeren Schichten Hunde. Die Bauern- , Metzger- und Viehtreiberhunde dienten jedoch einem ökonomischen Nutzen, sie waren keine Haus- und Hätscheltiere wie die prestigeträchtigen Rassehunde des Bürgertums und unterlagen als Gebrauchshunde deshalb nicht der Hundesteuer. Neben diesen beiden Gruppen, den Hunden, die zum Vergnügen gehalten wurden und den Nutztieren, gab es noch eine dritte Gruppe: die der verwilderten Straßenköter, die nach damaliger Auffassung keinerlei Existenzberechtigung hatten. Solche Streuner ließ die Obrigkeit in regelmäßigen Aktionen einfangen und töten. Jutta Buchner spricht in diesem Zusammenhang von einer „Dreiteilung der Hundehaltung nach plutokratischen Regeln“.[82] Heute werden in allen sozialen Schichten unserer Gesellschaft Hunde ohne erkennbares wirtschaftliches Interesse gehalten, sogar unter Obdachlosen lassen sich Hundebesitzer finden.

2.3 Mögliche Erklärungen für diese Unterschiede

Wie ist es zu erklären, daß in unserer Kultur der Hund als Heimtier zu einer Selbstverständlichkeit geworden ist?

Eine wichtige Voraussetzung für die Hundehaltung sind sicherlich die finanziellen Mittel und auch ein genügendes Maß an Freizeit. In den westlichen Industrienationen hat der größte Teil der Bevölkerung inzwischen einen Lebensstandard erreicht, der es ermöglicht, einen Hund zu unterhalten.

> „In order for pet-keeping to flourish, it is a necessary, but not a sufficient, condition that a society have [*sic*] a standard of living that allows for the expenditure of ressources on an economically nonproductive animal. Culturally determined attitudes towards pets must be also favourable.“ [83]

James Serpell geht davon aus, daß Menschen eine angeborene Neigung zu einer innigen und gefühlvollen Beziehung zu Tieren, besonders zu Hunden, haben. Er führt die „liebevolle“ Einstellung zu Hunden in verschiedenen Kulturen darauf zurück, daß sie nicht zu bestimmten wirtschaftlichen oder praktisch-technischen Zwecken verwendet werden müssen. Dazu verglich er 43 verschiedene Kulturen, über die ausreichendes Material zur Hundehaltung zur Verfügung stand, hinsichtlich ihres Umgang mit Hunden. Kriterien für einen „liebevollen“ Umgang waren Besitzerstolz, Eigennamen, Streicheln, Trauer über den Tod und die Rolle von Hunden in mündlichen Überlieferungen. In Kulturen, die einen liebevollen Umgang mit Hunden pflegten, hatten die Hunde entweder überhaupt keine wirtschaftliche Bedeutung oder sie wurden zur Jagd oder zum Hüten eingesetzt – beides Aufgaben, zu denen man Hunde nicht

---

[82] *Ebd., S. 124.*
[83] *Brown 1985, S. 314.*

zwingen muß. Ohne wirtschaftliche Notwendigkeit konnte sich in diesen Kulturen eine liebevolle Beziehung zum Hund entfalten, während in Kulturen, in denen der Hund zu schwerer körperlicher Arbeit herangezogen werden muß oder als Nahrungsmittel gilt, eine emotionale Distanzierung erforderlich wird. Damit wird ein moralischer Konflikt vermieden, der entstehen würde, wenn man ein Tier, zu dem man eine emotionale Zuneigung entwickelt hat, töten oder – wie bei den Schlittenhunden – zu schwerer Arbeit zwingen muß. Im arabischen Raum wird der Kontakt mit Hunden generell vermieden, was Serpell auf eine Anpassungsreaktion auf die Gefahr von Krankheitsübertragungen zurückführt.[84] Serpell geht demnach davon aus, daß die Zuneigung zu Hunden eine „anthropologische Konstante" ist, was m. E. noch einer intensiveren wissenschaftlichen Klärung bedarf.[85]

Davon abgesehen bietet seine Theorie einen möglichen Ansatz, die Verbreitung der Hundehaltung in unserer Gesellschaft zu erklären. Zum einen erlaubte es der wachsende Wohlstand auch ärmeren Schichten, Hunde ohne wirtschaftliche Notwendigkeit zu halten – ein Luxus, der über lange Zeit nur dem Adel und später dem gehobenen Bürgertum vorbehalten war. Zum anderen ist der Hund durch die fortgeschrittene Industrialisierung weitgehend von praktischen Aufgaben als Gebrauchshund freigesetzt worden. Indem man den Hund nicht mehr zur Arbeit einsetzen mußte, wurde es möglich, ihn nicht mehr nur als Nutztier wahrzunehmen. Er konnte ins Haus geholt werden und auch in der Unterschicht „Freund", „Partner" oder „Familienmitglied" sein. Die Freisetzung von ökonomischen Zwängen erlaubte es, in dieser Beziehung andere, nämlich emotionale Bedürfnisse zu befriedigen. Welche Bedürfnisse das sind, soll in den Abschnitten über Kosten und Nutzen der Hundehaltung erörtert werden.

2.3.1 Die Sentimentalisierung der Beziehung zum Hund durch das Bürgertum

Mit der weitgehenden Freisetzung des Hundes von seiner Funktion als Gebrauchshund, den geänderten Bedürfnissen und dem angewachsenen Wohlstand wären allerdings lediglich die *Rahmenbedingungen* für eine allgemeinere Verbreitung der Hundehaltung in den westlichen industrialisierten Gesellschaften erklärt. Man könnte schließlich auch argumentieren, daß mit einer zunehmenden Industrialisierung die Hundehaltung gänzlich überflüssig wird – zumal durch eine wachsende Verstädterung das Zusammenleben mit einem Hund erschwert wird: Man hat weniger Platz, weniger Auslaufmöglichkeiten, und der Autoverkehr ist ein zusätzlicher Risikofaktor für den Hund. Welche kulturellen Prozesse förderten über die o.g. Rahmenbedingungen hinaus die Anthropomorphisierung des Haushundes?

---

[84] *Vgl. Serpell 1985, S. 123.*

[85] *Vgl. auch Brown 1985, S. 315, die Serpell in diesem Punkt kritisiert.*

Die „soziokulturelle Konstruktion des Heimtieres“ [86] ist eng verbunden mit der Entwicklung des bürgerlichen Familienideals. Charakteristisch für das Leben der bürgerlichen Familie des 19. Jahrhunderts war die Trennung zwischen der öffentlichen und der privaten Sphäre, denn das industrielle Zeitalter brachte durch die Verlagerung der Produktion in Fabriken und große Werkstätten eine Trennung von Wohn- und Arbeitsbereich mit sich. Der Mann ging als Ernährer der Familie seinem Beruf außer Haus nach, während der Frau die Verantwortung für den häuslichen Bereich überlassen wurde. Das Haus und die Kernfamilie wurden zum Rückzugsort und zum Raum von Geborgenheit und Intimität – ein Gegenpol zu der „Welt da draußen“, wo die rauhen Gesetze des Kapitalismus galten, wo sich der Mann tagtäglich bewähren mußte. Das Leitbild der bürgerlichen Familie des 19. Jahrhunderts wurde zunehmend sentimental aufgeladen; die Familie sollte Glück, Liebe, Schutz und Anständigkeit repräsentieren. Ihren Ausdruck fand diese Einstellung in der Wohnkultur des Biedermeier mit ihrer „Gemütlichkeit“, die durch eine reiche Ausstattung mit Möbeln, Teppichen, Pflanzen, Decken und Bildern erzielt wurde.[87]

Der Anthropologe Joel Savishinsky stellt in Bezug auf Großbritannien und die USA fest, daß dort während des 18. und 19. Jahrhunderts vermehrt Haustiere auf Familienporträts auftauchten.[88] In diesen Porträts wurden die bürgerlichen Ideale der Häuslichkeit, der Familie als privater Schutzraum inszeniert – und ein wichtiger Teil dieser Inszenierung waren die Haustiere:

> „Domesticity expresses itself not only in marriage, children and the family estate but in the animals that are an intimate part of daily life.“ [89]

Der neue, intime und gefühlsbetonte Lebensstil des Bürgertums in Verbindung mit dem wachsenden Selbstbewußtsein dieser Klasse wurde auch in Deutschland bildlich ausgedrückt. Die Ideale des aufsteigenden Bürgertums spiegeln sich wider in der Fotografie, dem neuen Medium des 19. Jahrhunderts. Auf den Fotos dieser Zeit sieht man immer wieder Hunde, einzeln oder zusammen mit dem „Herrchen“ oder „Frauchen“ abgebildet oder in das Familienfoto mit eingeschlossen. In dem Bildband „Hunde vor der Kamera“ heißt es dazu:

> „Dem aufstrebenden Stand war der Hund Symbol des sich formenden Selbstbewußtseins – nicht das grobe Arbeitstier, sondern das allerliebste Hündchen der Belletage [*sic*].“ [90]

Orvar Löfgren hat sich in seinem Aufsatz „Our friends in nature: Class and Animal Symbolism“ mit „the rise of La Pensée Bourgeoise in the domain of animal taxonomies and its many

---

[86] *Wiedenmann 1993, S. 205.*
[87] *Vgl. dazu Weber-Kellermann 1989, S. 96ff.*
[88] *Savishinsky 1983, S. 124.*
[89] *Ebd.*
[90] *Wick 1989, S. 63.*

transformations in Swedish society" befaßt.[91] Er zeigt auf, wie sich aufgrund verschiedener geistesgeschichtlicher Strömungen die „Hauptrequisiten" der bürgerlichen Denkweise herauskristallisieren konnten. Zu den Requisiten der schwedischen Bourgeoisie gehörte neben einem wissenschaftlich-rationalen Weltbild eine bestimmte Auffassung von „Kultur", die sich in einer gesteigerten Sensibilität und einem liebevolleren Umgang mit (bestimmten) Tieren äußerte.[92]

Löfgren legt dar, daß das Bürgertum einen „kulturellen Kampf an zwei Fronten" um die Vorherrschaft in der schwedischen Gesellschaft führte: gegen den Adel und gegen den Bauernstand.[93] Dem Bauernstand, der nach bürgerlicher Auffassung noch in einem abergläubischen Denken verhaftet war, konnte das Bürgertum eine wissenschaftliche Denkweise entgegensetzen, deren Prinzipien Abstraktion, Logik, Harmonie und Symmetrie seit Carl von Linné die neue Sicht der Tier- und Pflanzenwelt bestimmten.[94] Mit der Verwissenschaftlichung der Tier- und Planzenwelt, das zeigt Löfgren an eindrücklichen Beispielen, ging gleichzeitig eine *Anthropomorphisierung* einher. In den Klassifikationssystemen spiegelte sich die Hierarchie der Gesellschaft mit „plebejischen Gräsern" und „patrizierhaften Lilien" wider.[95] In „Brehms Tierleben", das in vielen schwedischen Schulbibliotheken und Bürgerhäusern stand, wurden die Tiere mit menschlichen Eigenschaften charakterisiert.[96]

Aus bürgerlicher Sicht lebte der Adel ein dekadentes und seichtes Leben, dem das Bürgertum ebenfalls mit Werten wie der oben beschriebenen rationalen Aufgeklärtheit, aber auch mit Moral, Warmherzigkeit und Sensibilität entgegentreten wollte; ihren Ausdruck fanden diese Werte im Heim, in der Familie und in der Kindererziehung[97] – und wurden auch mittels der Integration von Heimtieren in den Haushalt inszeniert:

> „In the drawing-rooms of the Romantic era, a new intimacy in social relations was created, which was also manifested in changing attitudes toward animals. The new wave of sentimentality included ‚our friends in nature'." [98]

Damit konnten die Bürger sich nicht nur vom Adel abheben, sondern auch von den Bauern. Diese lebten in Schweden zwar oft auf engstem Raum mit Tieren zusammenlebten – aber das

---

[91] *Löfgren 1985, hier S. 186.*
[92] *Vgl. Löfgren 1985, S. 190.*
[93] *Vgl. ebd., S. 197.*
[94] *Vgl. ebd., S. 193.*
[95] *Vgl. ebd., S. 194; Löfgren bezieht sich hier auf ein Beispiel aus dem 1983 erschienenen Buch von Keith Thomas „Man and the Natural World. Changing Attitudes in England 1500-1800".*
[96] *Vgl. ebd., S.196.*
[97] *Vgl. ebd., S. 198.*
[98] *Ebd.*

waren (nach bürgerlicher Auffassung) schmutzige Tiere, außerdem behandelten die Bauern ihre Tiere grausam. Die Bauern führten also ein „unkultiviertes“ Leben, von dem sich das behagliche bürgerliche Heim mit den putzigen und gepflegten Haustieren unterscheiden sollte.

> „While it is considered highly improper to have piglets or hens running about in the living-room, a lap-dog in your bed or a kitten on your knee is something quite different. The boundaries between pets and other animals are elaborated in many ways. Not only are they allowed indoors, they may also be given personal names and even a decent funeral, they are taboo as food, etc.“ [99]

So ist es der Herausbildung der „bürgerlichen Denkweise“ zu verdanken, daß in Schweden die neue „Klasse“ der Heimtiere entstand.

Es spricht einiges dafür, daß in Deutschland ähnliche kulturelle Prozesse wie in Schweden dafür verantwortlich waren, daß das Bürgertum seine Liebe zum Heimtier und damit auch zum Hund entdeckte, denn es lassen sich einige Analogien finden: Auch hierzulande fanden die Gedanken Linnés und seiner Nachfolger Eingang in die Wissenschaft, natürlich wurde hierzulande „Brehms Tierleben“ rezipiert[100], und auch in Deutschland mußte sich das Bürgertum in ähnlicher Weise politisch und kulturell emanzipieren.

Doch wie fand der Haushund Eingang in die Arbeiterfamilie? Noch um die Jahrhundertwende war die Luxushundehaltung in Arbeitervierteln weitgehend unbekannt. Hier hielt man nur Gebrauchshunde, wie Jutta Buchner in ihrer Studie zur Hundehaltung am Beispiel Wiesbadens ausführt.[101] Ob Hundehaltung in der Arbeiterschaft mit der „Verbürgerlichung“ [102] dieser Klasse einherging oder ob hier andere kulturelle Prozesse am Werk waren, ist meines Wissens noch ungeklärt.

---

[99] *Ebd., S. 199.*

[100] *Zum Beitrag von Brehms Tierleben zur Anthropomorphisierung von Tieren vgl. auch Meyer 1990, S. 56ff.*

[101] *Buchner 1991, S. 124f.*

[102] *Zum Begriff „Verbürgerlichung“ und seiner Anwendung in den Kulturwissenschaften, vgl. Bausinger 1973.*

3. Formen der Wahrnehmung und des Umgangs mit Hunden

Vor der Darstellung der verschiedenen Formen, mit einem Hund umzugehen, die – so meine These – auf verschiedene Wahrnehmungsformen schließen lassen, denen wiederum bestimmte Bedürfnisse entsprechen, soll zunächst aufgezeigt werden, inwiefern Funktion, Wahrnehmung und Umgang zusammenhängen können. Nach einer britischen Dokumentation zum Stellenwert von Haustieren in der Gesellschaft[103] lassen sich Heimtiere in folgende Gruppen einteilen:

Heimtiere als ästhetische Bereicherung („pets as ornaments")
Heimtiere als Statussymbole
Heimtiere als Spielzeug
Heimtiere als Hobby
Heimtiere als Helfer
Heimtiere als Gefährten („pets as companions").

Die verschiedenen Gruppen können sich in der Realitität natürlich überschneiden; in der Tat ist es äußerst selten, daß ein Heimtier ausschließlich eine Funktion erfüllt. Der Anschaulichkeit halber werden sie getrennt aufgeführt und behandelt.

■ **Heimtiere als ästhetische Bereicherung**

Schon seit dem Altertum verwenden Menschen Tiere und Tierdarstellungen zu dekorativen Zwecken.[104] Vor allem bunte, ästhetisch ansprechende Tiere wie exotische Fische oder Vögel dienen bis heute dazu, die Umgebung zu schmücken. Auch der Gesang von Vögeln erfüllt eine ästhetische Funktion – in manchen südeuropäischen Ländern ist es noch heute üblich, Käfige mit Kanarienvögeln und anderen Singvögeln vor Geschäften oder Wohnhäusern aufzuhängen. Hierzulande dienen zum Beispiel Aquarien mit Zierfischen, vor allem in Restaurants, vorrangig der Dekoration der Umgebung. Heimtiere, die vor allem aus ästhetischen Gründen gehalten werden, erfüllen im Grunde, so die Verfasser, dieselbe Funktion wie Gemälde oder Topfpflanzen, haben aber den Vorteil, daß sie sich bewegen und somit einen zusätzlichen Anreiz für den Betrachter bieten. „Dekorationstiere" haben meistens keinen Eigennamen und werden selten verhätschelt. Eine tiefere emotionale Bindung zwischen Besitzer und Tier ist nicht anzunehmen.[105]

---

[103] *Council for Science and Society 1988, S. 3-7.*

[104] *Als Beispiel werden hier u.a. die englischen Adeligen des 17. und 18. Jahrhunderts aufgeführt, die orientalische Pfauen zur Verschönerung ihrer Landsitze importierten.*

[105] *Vgl. Council for Science and Society, S. 3.*

■ Heimtiere als Statussymbole

Tiere als Statussymbole spielen in vielen Kulturen eine Rolle. Seit der Römerzeit demonstrierten Monarchen ihre Macht und ihren Reichtum, indem sie sich mit seltenen exotischen Tieren umgaben oder private Menagerien unterhielten. Auch heute noch können beispielsweise seltene Hunde- und Katzenrassen zur Demonstration eines gehobenen Lebensstils dienen. Menschen, die sich ein Tier hauptsächlich aus Prestigegründen halten, bringen ihm oft große Zuneigung und Fürsorge entgegen – solange das Tier dem Image und den Erwartungen des Besitzers entspricht.[106]

■ Heimtiere als Spielzeug

Vor allem Hamster, Goldfische oder Schildkröten, aber auch Hunde werden gerne an kleine Kinder verschenkt. Ohne eine gewissenhafte Anleitung und Aufsicht von Erwachsenen kann es vorkommen, daß Kinder diese Tiere lediglich als ein Spielzeug begreifen, das sich bewegt – wie ein Roboter oder ein elektrisches Spielzeugauto. Wie bei anderen Spielsachen auch, können Kinder schnell das Interesse an ihrem lebenden Spielzeug verlieren. „Spielzeug-Tiere" werden meist schlecht behandelt und leben im allgemeinen nicht lang. In dieser Kategorie sind auch die Tiere aufgeführt, die für Erwachsene im Sport eine Rolle spielen.[107]

■ Heimtiere als Hobby

Als Hobby-Tierhalter bezeichnen die Verfasser Heimtierbesitzer, die bestimmte Tierarten sammeln oder züchten, ähnlich wie manche Menschen Briefmarken oder Münzen sammeln. Sie sind oft in Vereinen organisiert oder nehmen an Ausstellungen und Wettbewerben teil. Da sie meist umfassend über ihre Tierart Bescheid wissen und sich ständig weiterbilden, halten sie ihre Tiere in der Regel weitgehend artgerecht.[108]

■ Heimtiere als Helfer

Als Helfer erfüllen Heimtiere praktische Aufgaben bzw. sie dienen ökonomischen Zwecken. Zu dieser Kategorie zählen etwa Hunde für Behinderte (z. B. Blindenhunde), Wachhunde oder Hütehunde. Hier können sich die Grenzen zwischen Nutztier und Heimtier zuweilen verwischen. Als Beispiel führen die Verfasser die Beziehung zwischen einem Schäfer und seinem Hütehund an, der oft nicht nur als reines Nutztier gesehen wird, sondern auch eine Bedeutung als Gefährte und Freund haben kann. Es kann aber auch vorkommen, daß ein Tier, dem zunächst große Zuneigung entgegengebracht wurde, weil es seine Aufgabe erfüllte, einfach

---

[106] *Vgl. ebd., S. 4.*
[107] *Ebd., S. 4.*
[108] *Ebd., S. 4f.*

aufgegeben und vernachlässigt wird, wenn es nicht mehr gebraucht wird oder wenn es alt oder krank geworden ist.[109]

■ Heimtiere als Gefährten

Haustiere, die primär als Statussymbol, Sammlerstück, Spielzeug oder Dekorationsstück dienen, werden in erster Linie als *Gegenstand* wahrgenommen und behandelt. Hier stellt sich die Beziehung zwischen Mensch und Tier als eine Beziehung zwischen Mensch und Objekt dar. Ganz anders wird ein Tier in seiner Rolle als Gefährte, als „companion animal" wahrgenommen:

> „The crucial thing that defines a companion animal, and distinguishes it from other pets, is the nature of the relationship with the owner. An animal employed for decoration, status-signalling, recreation, or hobby is being used primarily as an *object* – the animal equivalent of a work of art, a Rolls Royce, a surfboard, or a collector's item. The companion animal, however, is typically perceived and treated as a *subject*; as a personality in its own right (...). With companion animals it is the relationship itself which is important to the owner." [110]

Die Beziehung zwischen dem Menschen und dem Tier in seiner Bestimmung als Gefährte ähnelt in vielerlei Hinsicht zwischenmenschlichen Beziehungen und kann ebenso wie diese vielerlei Formen annehmen. Den Verfassern zufolge lassen sich hier Beziehungen zwischen Eltern und Kind, Ehemann und Ehefrau, zwischen Freunden oder zwischen Herrschaft und Dienstboten identifizieren. Ebenso, wie zwischenmenschliche Beziehungen entweder gut und für beide Seiten befriedigend verlaufen können oder schlecht, so kann auch die Beziehung zwischen Mensch und Haustier gut oder schlecht funktionieren.[111]

Bezeichnungen wie „der beste Freund des Menschen", „treuer Kamerad" und ähnliche Ausdrücke lassen darauf schließen, daß der Hund für die meisten seiner Besitzer ein „companion animal" ist und als Subjekt, als „personality in its own right", wahrgenommen wird. Im folgenden sollen nun bestimmte kulturbedingte Umgangsformen beschrieben werden, die als Indizien für eine Wahrnehmung des Hundes als Person gewertet werden können. Indizien für eine Anthropomorphisierung bzw. Personifizierung sind die Tatsachen, daß Hunde Eigennamen haben, daß Hundefleisch mit einem Nahrungstabu belegt ist, daß bestimmte Verhaltensweisen beim Tod eines Menschen auch auf den Tod eines Hundes angewandt werden, sowie die Tatsache, daß Hunde durch bestimmte Bräuche, Kommunikations- und Umgangsformen in den Familienverband integriert werden.

---

[109] *Vgl. ebd., S. 7.*
[110] *Ebd., S. 5, Hervorhebung von mir.*
[111] *Ebd.*

Sich allein auf die Anthropomorphisierung des Hundes zu konzentrieren, hieße jedoch, die Komplexität des Phänomens „Heimtierhaltung" unvollständig zu erfassen, denn es gibt auch Umgangsformen, die für eine Wahrnehmung des Hundes als Objekt sprechen. Es handelt sich dabei vorwiegend um Umgangsformen, die den Anfang bzw. das Ende einer Mensch-Hund-Beziehung markieren. Wie materielle Gegenstände auch werden Hunde zu einem bestimmten Preis ge- und verkauft (bzw. verschenkt), wenn sie dem Besitzer nicht zugelaufen sind. Rassehunde werden, den Abnehmerwünschen entsprechend, auf bestimmte äußerliche und charakterliche Eigenschaften hin gezüchtet, so wie die Gestaltung materieller Konsumgüter den Erfordernissen des Marktes angepaßt wird. Von unerwünschten Hunden kann man sich trennen, wie man sich von einem überflüssigen Gegenstand trennt: Man kann sie im Tierheim abgeben, weiterverschenken, weiterverkaufen oder – wenn man sich nicht dabei erwischen läßt – aussetzen. Dieses sind sehr pointierte Beispiele für Umgangsformen, in denen eine Wahrnehmung des Hundes als Gegenstand zu Ausdruck kommt. Im alltäglichen Leben wird der ambivalente Status des Hundes oftmals auf eine kaum spürbare Weise inszeniert. So wird zum Beispiel die Anthropomorphisierung des Hundes auf der sprachlichen Ebene wieder zurückgenommen, indem man die Nahrungsaufnahme bei Menschen als „essen", bei Hunden (wie bei allen Tieren) jedoch als „fressen" bezeichnet.[112]

3.1 Nahrungstabus

Ein wichtiges Indiz dafür, daß Hunde in unserer Kultur zu einer besonderen Gruppe von Tieren gehören, ist die Tatsache, daß Hundefleisch mit einem Nahrungstabu belegt ist. Der Begriff „Tabu" kommt aus dem Polynesischen und bezeichnet – vereinfacht ausgedrückt – das Verbot, z. B. bestimmte Personen oder Gegenstände zu berühren, bestimmte Tätigkeiten auszuüben oder bestimmte Worte auszusprechen. Etwas, das tabu ist, ist „heilig", „geschützt" oder „unrein". Eine Tabuverletzung läßt eine Bestrafung durch eine übernatürliche Macht erwarten und ruft fast immer soziale Sanktionen hervor.[113]

Der britische Strukturalist Edmund Leach hat in seinem Aufsatz „Anthropologische Aspekte der Sprache: Tierkategorien und Schimpfwörter"[114] einen Zusammenhang zwischen der sprachlichen Klassifizierung bestimmter Tierarten, ihrer Eßbarkeit, dem Gebrauch als Beschimpfung und ihrer Relation zu menschlichen Sozialbeziehungen hergestellt. In vielen

---

[112] *Solche sprachlichen Grenzziehungen zwischen Mensch und Tier findet man auch im Bereich der Fortpflanzung: Eine Frau ist „schwanger", eine Hündin dagegen „trächtig".*

[113] *Auf eine genauere Erörterung muß hier verzichtet werden, Vgl. deshalb dazu den Beitrag von Axel Schmidt zum Stichwort „Tabu" im Wörterbuch der Ethnologie, S. 218ff und die dort genannten Literaturangaben.*

[114] *Leach 1972.*

Kulturen sind bestimmte Substanzen als Nahrung tabu, obwohl sie durchaus für den menschlichen Verzehr geeignet wären. Leach unterscheidet dabei zwischen bewußten Tabus und unbewußten Tabus. Bei bewußten Tabus wird die grundsätzliche Eßbarkeit zwar anerkannt, ist aber aus rituellen Gründen verboten (z. B. das jüdische Schweinefleisch-Verbot), während bei unbewußten Tabus eine bestimmte Substanz überhaupt nicht als Nahrung wahrgenommen wird.[115] Dazu gehört in unserer Kultur das Hundefleisch. Leach zufolge nimmt der Mensch als Kleinkind die Welt noch als Kontinuum wahr, erst mit Entwicklung der Sprache kann die Welt in abgegrenzte und benannte Dinge eingeteilt werden. Zwischen den benannten Dingen liegen aber die Zwischenkategorien, die unbenannt bleiben und deshalb tabuisiert werden.[116]

Die Engländer ordnen die Tierwelt nach wachsender Entfernung von einem hier von Leach als männlich angenommenen „Ich" in vier Kategorien ein: die Heimtiere, die dem Menschen am nächsten stehen und nicht eßbar sind, dann die eßbaren Bauernhoftiere, das Wild (teils eßbar – teils nicht eßbar) und schließlich ferne, wilde Tiere, die als nicht eßbar gelten. Schädlinge (nicht eßbar) bilden eine fünfte Kategorie, die sich mit den ersten vier überschneidet. Die Kategorie „Heimtiere" liegt zwischen dem „Ich" und der Kategorie „Bauernhoftiere" und ist ebenso wie das Wild, das zwischen den Bauernhoftieren und der Kategorie „ferne, wilde Tiere" angesiedelt ist, eine nicht eindeutige Zwischenkategorie. Dieses Einteilungssystem setzt Leach nun mit dem sozialen System in Beziehung, in welchem sich die Kategorien „Schwestern" (als Sexualpartner tabu), „Cousinen" (sexuelle Beziehungen erlaubt, Heirat verboten oder mißbilligt), „nicht verwandte Nachbarinnen" (potentielle Ehepartner) und „entfernte Fremde" (überhaupt keine sozialen Verbindungen möglich) ebenfalls in zunehmender Entfernung vom männlichen „Ich" befinden.[117]

Die Tatsache, daß Heimtiere als Nahrung tabu sind, führt Leach nun darauf zurück, daß es sich dabei um eine uneindeutige Kategorie von Lebewesen handelt, die dem Menschen zwar sehr nahe stehen, aber eben doch nicht dem menschlichen Bereich zugeordnet werden können. Heimtiere wie Hunde oder Katzen sind nicht ganz Tier und nicht ganz Mensch, sie sind ambivalente Kreaturen. Da die Kategorie „Schwester" der Kategorie „Heimtier" entspricht, ist die symbolische Entsprechung des Speiseverbotes von Heimtierfleisch das Inzestverbot.[118]

Mit Beispielen aus dem Englischen und dem burmesischen Kachin belegt Leach, daß gerade die Bezeichnungen für bestimmte Heimtierarten sich als obszöne Anspielungen und

---

[115] *Vgl. ebd., S. 40.*
[116] *Vgl. ebd., S. 43ff.*
[117] *Vgl. ebd., S. 53.*
[118] *Vgl. ebd., S. 54.*

Beschimpfungen eignen (z. B. „son of a bitch"), weil damit (wie bei jeder Beschimpfung, die trifft) eine Tabuverletzung verbunden ist.

Dem folgte eine vehemente Kritik von John Halverson, der Leach in nahezu allen Punkten seiner Argumentation widerlegte.[119] Er kritisierte die Unschärfe von Leachs Tabubegriff[120], er konnte ihm Ungenauigkeiten in der etymologischen Herleitung diverser Schimpfwortbeispiele nachweisen[121], und er konnte aufzeigen, daß es im Englischen aus allen Tierkategorien Schimpfwörter gibt – infolge dessen alle Tierkategorien tabu sein müßten[122]. Auch die Theorie von der Welt als Kontinuum hielt Halverson für unhaltbar, denn auch Säuglinge und bestimmte Tiere sind zu einer kategorialen Unterscheidung von Dingen fähig, obwohl sie der Sprache nicht mächtig sind.[123] Schließlich wies Halverson nach, daß sowohl die Tierkategorien als auch die sozialen Kategorien von Leach willkürlich gewählt wurden und in sich unlogisch sind, da die Kriterien für Entfernung und Nähe zum „Ich" ungenau definiert sind.[124] Trotz dieser Erwiderung haben die Thesen von Leach die Diskussion um die Mensch-Haustier-Beziehung nachhaltig beeinflußt und angeregt.[125]

In seiner Kritik an der anthropologischen Auffassung, daß sich Kultur aufgrund materieller bzw. ökonomischer Gegebenheiten konstituiert, hat Marshall Sahlins sich auch damit befaßt, welche Tierarten in der nordamerikanischen Kultur als eßbar gelten und welche einem Speiseverbot unterliegen.[126] Ebenso wie Leach geht auch Sahlins davon aus, daß es keine praktischen Gründe dafür gibt, Hundefleisch als Nahrung zu meiden, vielmehr scheint sich „das gesamte System (...) danach aufzuteilen, ob die Tiere als Subjekt oder als Objekt am menschlichen Leben teilnehmen".[127]

Hunde und Pferde, so schreibt Sahlins, haben in der amerikanischen Gesellschaft die Qualität von Subjekten, denn sie „haben richtige Eigennamen, und wir pflegen uns auch mit ihnen zu unterhalten, was wir mit Schweinen und Rindern nicht tun".[128] Sahlins zufolge „gehören Hunde zur Familie", als Mitbewohner des Hauses stehen sie dem Menschen noch näher als die Pferde, deren Verzehr zumindest denkbar ist.[129] Rinder und Schweine haben dagegen den

---

[119] *Halverson 1976.*
[120] *Vgl. ebd., S. 506f.*
[121] *Vgl. ebd., S. 505.*
[122] *Vgl. ebd., S. 511.*
[123] *Vgl. ebd., S. 507f.*
[124] *Vgl. ebd., S. 515.*
[125] *Vgl. Sahlins 1994, S. 247, Löfgren 1985, S.184ff und die Beiträge von Liberman, Midgley, Rollin, Savishinsky und Serpell in Anthrozoös 3:4 (1990).*
[126] *Sahlins 1994, hier S. 242-253.*
[127] *Ebd., S. 246.*
[128] *Ebd.*

Status von Objekten, was man auch daran erkennen kann, daß sie in der Regel keinen Eigennamen tragen.[130] Nach Sahlins steht die Eßbarkeit „in einem umgekehrten Verhältnis zur Humanität", und folglich gilt Schweinefleisch auch als minderwertiges Fleisch im Vergleich zu Rindfleisch, denn Schweine leben auf dem Hof und fressen menschliche Nahrungsabfälle. Sie stehen dem Menschen somit näher als Rinder.[131]

3.2 Der Hund als Familienmitglied

An der Tierklinik der Universität Pennsylvania in Philadelphia wurde Anfang der achtziger Jahre eine Umfrage durchgeführt. Ungefähr 1.500 Hunde- und Katzenbesitzer füllten einen Fragebogen über die Beziehung zu ihrem Tier aus. Hier einige der Aussagen der Hundebesitzer:

99% betrachteten ihren Hund als Familienmitglied
56% der Hunde durften im Bett der Befragten schlafen
72% der Befragten nahmen ihren Hund auf Reisen mit
64% der Hunde bekamen Essen vom Tisch ab
45% der Befragten sprachen mindestens einmal im Monat mit ihrem Hund über wichtige Angelegenheiten
99% der Befragten glaubten, die Stimmungen ihres Hundes zu erkennen
98% der Befragten glaubten, daß der Hund ihre Stimmungen erkennt
91% der Befragten haben Fotos von ihrem Hund
54% feiern den Geburtstag ihres Hundes.[132]

Miteinander kommunizieren, sich verstehen, zusammen verreisen und zusammen feiern sind alles Umgangsformen, die ein funktionierendes Familienleben kennzeichnen. Daß die Mehrheit der Besitzer von Hunden und sonstigen Haustieren ihr Tier als Familienmitglied (und somit als Person) betrachtet, wird auch in anderen Untersuchungen bestätigt.[133]

Der Tiermediziner Norbert Rehm führte für seine Untersuchung zum Thema „Hund und Kind"[134] eine schriftliche Befragung unter 316 Familien mit Kindern durch, die einen Hund besaßen. Er kam zu dem Ergebnis, daß nahezu die Hälfte der befragten Eltern den Hund als

---

[129] *Ebd., S. 247.*
[130] *Ebd., S. 248; Sahlins weist darauf hin, daß Milchkühe manchmal Eigennamen haben, diese tauchen jedoch meist nur „in den Unterhaltungen der Menschen" auf. Der Grund warum Milchkühe Namen haben können, liegt m. E. darin, daß sie normalerweise eben nicht verzehrt werden.*
[131] *Ebd.*
[132] *Voith 1985, hier S. 290.*
[133] *Cain 1985; vgl. dazu außerdem Veevers 1985, S. 21.*
[134] *Rehm 1993.*

Familienmitglied ansahen, für ungefähr ein Drittel der Befragten galt der Hund als „Kind auf vier Beinen“, was Rehm als Indizien für eine „sehr hohe Vermenschlichungstendenz des Hundes“ wertet.[135] Für eine Integration in den Familienverband spricht nach Rehm auch die Tatsache, daß die Mehrzahl der befragten Familien ihren Hund in den Urlaub mitnehmen und – zumindest am Wochenende – alle zusammen mit dem Hund spazierengehen. Auch räumlich wird die Zugehörigkeit des Hundes zur Familie dokumentiert: In den meisten Familien darf sich der Hund fast überall im Haus bzw. in der Wohnung aufhalten. Ihren Schlafplatz haben die meisten Hunde im Wohnzimmer, ihren Freßplatz in der Küche, d. h. in häufig frequentierten Räumen, wodurch jederzeit ein Kontakt des Hundes zur Familie möglich gemacht wird.[136]

> „Der Hauptaufenthaltsort des Hundes ist zweifellos die Wohnung bzw. das Haus, damit befindet er sich auch im Mittelpunkt des familiären Lebens und stellt eine Art ruhender Pol dar: Er erlebt einerseits, wie die Familienmitglieder je nach Alter und Tätigkeit das Haus verlassen und wieder zurückkehren, und er verkörpert auch einen lebendigen Teil des Zuhauses für diejenigen, die heimkommen und von ihm begrüßt werden.“ [137]

Für die Kinder, die ebenfalls befragt wurden, stellt der Hund in den meisten Fällen einen Freund oder Spielkameraden dar, von dem sie glauben, daß er „sich freuen“, „traurig sein“, sie „trösten“ und sie „verstehen“ [138] kann. Auch das „Ärgern“ des Hundes durch die Kinder (zwicken, anpusten, erschrecken u.ä.) zeigt Rehm zufolge, daß „der Hund keine besondere Position in der Familie einnimmt, sondern von den Kindern ‚gleichbehandelt‘ wird wie andere Familienmitglieder auch“.[139]

Die Tiermediziner an der Universität von Pennsylvania stellten außerdem fest, daß Hunde- und Katzenbesitzer äußerst selten dazu bereit waren, ihr Tier abzuschaffen, auch wenn es ihnen massive Probleme, wie z. B. durch aggressives Verhalten, bereitete. 62 Hunde- und 38 Katzenbesitzer, die wegen Verhaltensproblemen in die Tierklinik gekommen waren, wurden daraufhin interviewt.

Die Mehrheit der Befragten begründeten die Tatsache, daß sie ihren Hund oder ihre Katze trotz großer Probleme behalten wollten, mit der Zuneigung, die sie zu ihrem Tier entwickelt hatten, und gaben Antworten wie: „I love him“. Andere stellten „humanitäre“ Gesichtspunkte in den Vordergrund, wenn sie z. B. meinten, sie müßten das Tier behalten, weil es ja kein anderer nehmen würde. Viele der Befragten verglichen ihr Tier mit einem Kind, das man

---

[135] *Ebd., S. 112.*
[136] *Ebd., S. 111.*
[137] *Ebd., S. 107.*
[138] *Ebd., S. 121f.*
[139] *Ebd., S. 124; Rehm weist in diesem Zusammenhang darauf hin, daß hier die Eltern gefordert sind einzuschreiten, damit der Hund nicht unnötig von den Kindern drangsaliert wird; vgl. S. 125.*

ebenfalls nicht einfach aufgeben könne, wenn es Probleme bereite. Dabei war den Befragten der Unterschied zwischen einem echten Kind und einem Hund durchaus bewußt, was Äußerungen wie „I know he's just a dog, but I feel about him as though he were my child" [140] zeigten. Die Antworten der Hunde- und Katzenbesitzer wiesen keine signifikanten Abweichungen auf, in ihren Emotionen nehmen beide Gruppen gleichermaßen ihr Tier als Person wahr: „They *know* that their pet is a domestic animal, but *feel* about it as though it were a person – often a child." [141]

3.3 Der Hund als Kind

Im Umgang mit Hunden und Kindern gibt es einige Parallelen.[142] Welpen oder erwachsene kleine Hunde werden auf die gleiche Weise gehalten und getragen wie Kleinkinder. Sprechen Erwachsene mit kleinen Kindern oder mit Hunden, dann verfallen sie oft in eine Art „Babysprache".[143] Man kann beobachten, daß Erwachsene sowohl in Begleitung von Kindern als auch in Begleitung von Hunden häufig von fremden Leuten auf das Kind bzw. auf den Hund angesprochen werden.[144] Auch der Körperkontakt zu Hunden und zu Kindern ist wesentlich intensiver als zwischen Erwachsenen. Ebenso wie Kinder sind Hunde auf die Aufmerksamkeit und Fürsorge von Erwachsenen angewiesen: Sie brauchen jemanden, der sie mit Nahrung versorgt, der sie pflegt, ihre Exkremente beseitigt und sie vor schädlichen Einflüssen schützt[145]; Eltern und Hundebesitzer sind normalerweise bereit, das zu tun. Die Parallelen zwischen Hunden und Kindern erstrecken sich auch auf andere Aspekte. Die Bewegungsfreiheit von Hunden und von Kindern unterliegt der Kontrolle von Erwachsenen, sie entscheiden auch darüber, ob Zuneigung gewährt oder verweigert wird und es liegt in ihrer Macht, ein bestimmtes Verhalten zu belohnen oder zu bestrafen – Hunde und Kinder muß man *erziehen*. Die Ähnlichkeit zwischen Kindern und Hunden wird auch durch züchterische Bemühungen unterstützt: Manche Hunderassen, zum Beispiel die Pekinesen, haben mit ihrem runden Kopf, ihrer flachen Schnauze und ihren großen Augen ein ausgesprochen kindliches Äußeres.

Wie alle domestizierten Tiere weisen auch Hunde das Merkmal der Neotenie auf. Neotenie bedeutet das Beibehalten jugendlicher Merkmale, auch wenn das Tier bereits erwachsen ist. Wildlebende Tiere, wie z. B. der Wolf, verlieren im Laufe des Erwachsenwerdens ihre kindlichen Merkmale. Der rundliche Kopf wird länger, die Schnauze spitzer, die Stellung der Augen

---

[140] *Voith 1985, S. 291.*
[141] *Ebd., Hervorhebung von Voith.*
[142] *Zur Bedeutung des Hundes als Kind-Ersatz siehe S. 57 in dieser Arbeit.*
[143] *Vgl. Katcher 1983, S. 525.*
[144] *Siehe auch S. 53f in dieser Arbeit.*
[145] *Vgl. Council for Science and Society, S. 31.*

verändert sich, und ihr Fell wird weniger flauschig. Domestizierte Tiere dagegen haben im Laufe ihrer Entwicklungsgeschichte jugendliche Züge sozusagen konserviert. Noch im ausgewachsenen Alter entspricht ihr Äußeres eher dem Kindchenschema. Bei manchen Hunderassen hat sich neben der kindlichen Kopfform auch ein jugendlicher Körperbau erhalten, d. h. eine rundliche gedrungene Form mit kurzen Extremitäten. Auch im Verhalten sind domestizierte Tiere zutraulicher, verspielter und neugieriger als erwachsene wildlebende Tiere.[146]

Durch die Neotenie wird die Wahrnehmung des Hundes als Kind begünstigt. Dennoch werden Hunde nicht in allen Kulturen wie Kinder betrachtet und in unserer Kultur nicht alle Tiere, die das Merkmal der Neotenie aufweisen (denn auch Schafe und Schweine haben diese Züge), so behandelt wie der Hund. Es hat den Anschein, daß die in unserer Kultur bestehenden Parallelen zwischen Hunden und Kindern das Ergebnis einer kulturellen Nutzbarmachung evolutionsgeschichtlicher Tatsachen ist.

3.4 Der Hund als Trauerfall

„Das Sterben eines treuen Hundes", so beschreibt Konrad Lorenz seine Gefühle als Hundehalter, „bringt schweres Leid, fast so schwer wie der Tod eines geliebten Menschen."[147]

Der Tod eines Heimtieres kann beim Besitzer Reaktionen auslösen, die sich von den Reaktionen beim Verlust eines nahestehenden Menschen kaum unterscheiden.[148] Besonders wenn das Tier einen plötzlichen, unerwarteten Tod stirbt (zum Beispiel wenn ein Hund vom Auto überfahren wird), kommt es zunächst zu einer Phase der Verleugnung: Der Besitzer will nicht wahrhaben, daß sein Tier gestorben ist. Daran schließt sich oft eine Phase der Wut an, Wut auf den Tierarzt, der nach Auffassung des trauernden Besitzers nicht genug getan hat, oder Wut auf sich selbst, ja sogar Wut auf das Tier, weil es den Besitzer allein gelassen hat. Sehr oft bringt der Tod eines Tieres Schuldgefühle mit sich, der Tierhalter macht sich dafür verantwortlich, nicht genügend auf das Tier aufgepaßt oder es unzureichend versorgt zu haben. Schließlich verfallen die meisten Tierhalter in ein kurzes Stadium der Depression, sie denken viel über ihr Tier nach, sind oft geistesabwesend – bis sie sich dann letztendlich doch mit dem Verlust abfinden.[149] Wie bei jedem Verlust geht auch mit dem Tod eines Hundes ein Gefühl der Leere einher, der auch mit dem Verschwinden liebgewordener Gewohnheiten begründet werden kann.[150] Die Zeit, die man z. B. mit Hundespaziergängen ausgefüllt hat, muß plötzlich anderweitig genutzt werden, man muß seinen Alltag diesen Veränderungen anpassen.

---

[146] *Zur Domestikation und zur Neotenie vgl. Zeuner, S. 58f und S. 90.*
[147] *Lorenz 1993, S. 121.*
[148] *Vgl. Quackenbush, S. 396.*
[149] *Zu den Phasen der Trauer vgl. Quackenbush 1985, S. 396.*

Neben diesen emotionalen Reaktionen, die dem individuellen und privaten Bereich der Trauerarbeit zuzurechnen sind[151], gibt es noch eine öffentliche Seite der Trauer. Für den Umgang mit dem Tod eines Menschen existieren institutionalisierte Formen, dieser Trauer nach außen hin Ausdruck zu verleihen. Die Trauer wird öffentlich bekundet, durch kulturspezifische Verhaltensweisen wie das Tragen von Trauerkleidung, das Aufgeben von Todesanzeigen, das Durchführen von Beerdigungsritualen und das Errichten von Grabstätten. Die öffentliche Dokumentation der Trauer beim Tode eines nahestehenden Menschen ist nicht nur gestattet – sondern sie wird von den Trauernden sogar erwartet: Der Tote soll ein würdiges und „anständiges“ Begräbnis bekommen. Stirbt ein Heimtier, fehlen solche etablierten Umgangsformen.[152] Ein Mensch, dessen Hund gestorben ist, hat keine angemessene Möglichkeit, seine Trauer nach *außen* hin zu dokumentieren, denn dies gilt als exzentrisch.

In einer Umfrage unter 39 Marburger Tierhaltern im Rahmen eines Projektseminars am dortigen Institut für Europäische Ethnologie und Kulturforschung[153] äußerten sich neun der Befragten positiv zu Tierfriedhöfen, zehn der Befragten gaben keine Antwort, und 15 der befragten Heimtierhalter lehnten Tierfriedhöfe ab. Obwohl diese Aussagen nicht repräsentativ sind[154], so zeigen sie doch, daß auch unter Heimtierhaltern selbst ein gewisses Spektrum von Meinungen über den Umgang mit dem Tod eines Tieres besteht.

Dennoch gibt es Hundehalter, die sich über die Werturteile ihrer Mitmenschen hinwegsetzen und ihren Hund auf einem Tierfriedhof bestatten lassen. Michèle Wolff, die französische Tierfriedhöfe einer semiotischen Analyse unterzogen hat, bezeichnet Tiergräber als „Zeichen außerhalb der Norm“[155], denn:

> „Wenn man ein Tier in einem Friedhof beerdigt, wird das natürliche Ereignis des Todes in ein soziales und ein kulturelles Zeichen verwandelt. Die Welt des Tieres wird geleugnet, das Tier wird in die *menschliche Welt einbezogen*, und die Regeln einer konventionalisierten Kultur werden auf das Tier übertragen.“ [156]

Die stark gefühlsbetonten Grabinschriften, in denen das verstorbene Tier oft als „einziger Freund“ bezeichnet wird, interpretiert Wolff als Ausdrucksform von Menschen, die egoistisch und keiner normalen Sozialbeziehung fähig sind.[157]

---

[150] *vgl. ebd., S. 399.*
[151] *Ebd., S. 396.*
[152] *Ebd., S. 397.*
[153] *Blohm 1991, hier S. 213.*
[154] *Vgl. ebd., S. 212.*
[155] *Wolff 1989, S. 243.*
[156] *Ebd., S. 242; Hervorhebung von mir.*
[157] *Vgl. ebd., S. 255.*

Rainer Wiedenmann führt diese „Ritualisierung“[158] des Haustiertodes in Form von Bestattungen auf Tierfriedhöfen auf mehrere miteinander in Beziehung stehende soziale und kulturelle Entwicklungen zurück. Eine Ursache für dieses Phänomen sieht er in dem „Prozeß kernfamilialer Intimisierung“, die verbunden mit einer „öffentlich zelebrierten symbolischen Distinktion“ zu der Anthropomorphisierung des Heimtieres und zu seiner Integration in die bürgerliche Familie führten.[159] Dazu kommen gesellschaftliche Entwicklungen wie die Individualisierung und die Pluralisierung der Familienformen, was Wiedenmann zufolge dazu beiträgt, daß sich starke emotionale Bindungen auf wenige Familienmitglieder oder Lebenspartner konzentrieren.[160] Aufgrund dieser Individualisierungstendenzen können Haustiere zu „semipersonalen Partnern“ [161] werden. Deren Tod führt auch deshalb zu starken Trauerreaktionen, weil er in der Regel direkter erlebt wird als der Sterbeprozeß von Menschen, der in zunehmendem Maße in der Abgeschiedenheit von Krankenhäusern oder Pflegeheimen abläuft.[162]

Wiedenmann interpretiert die modernen Tierbestattungen als „Ausdruck einer neototemistischen Konstruktion“.[163] Totemismus wird als „kulturelle Konstruktion einer Abstammungs- bzw. Verwandtschaftsbeziehung zwischen Angehörigen eines sozialen Kollektivs und (einer) bestimmten Tierart(en)“[164] definiert. Da Heimtiere als Familienmitglieder gelten, ist die Bestattung von Haustieren auf Friedhöfen ein totemistisches Ritual. Entsprechend kann Wiedenmann zufolge die Evolutionstheorie als „wissenschaftliche Variante einer im Grunde mythologischen Abstammungskonstruktion“[165] interpretiert werden.

Obwohl m. E. einiges dafür spricht, daß auch der private Aspekt der Trauer um einen verstorbenen Hund in dessen Wahrnehmung als Person begründet ist, müßte man die Trauer um einen Hund nicht nur mit der Trauer um einen Menschen vergleichen, sondern auch mit den Reaktionen bei dem Verlust von materiellem Besitz. Die Dokumentation der öffentlichen Trauer um einen Hund durch die Beisetzung auf einem Tierfriedhof oder ähnlichen Ritualen ist Ausdruck einer starken Personifizierung des Tieres – einer Personifizierung, die vielen Menschen, vermutlich auch den meisten Hundehaltern, zu weit geht.

Die Personifizierung des Hundes hat an dem Punkt ihre Grenzen, wo ein verstorbener Hund durch einen neuen ersetzt werden kann. Ein Drittel der von Norbert Rehm befragten Familien

---

[158] *Wiedenmann 1993, S. 208.*
[159] *Vgl. ebd., S. 206; siehe auch Abschnitt 2.3.1 in dieser Arbeit.*
[160] *Vgl. ebd., S. 211.*
[161] *Ebd.*
[162] *Vgl. ebd., S. 212.*
[163] *Ebd.*
[164] *Ebd., S. 213.*
[165] *Ebd., S. 213f.*

gaben an, daß sie beim Tod ihres Hundes sofort einen neuen Hund anschaffen würden, fast 40% wollten zwar einige Wochen damit warten, aber dann einen anderen Hund in die Familie aufnehmen.[166] Verglichen mit menschlichen Bezugspersonen sind Hunde leichter ersetzbar, oder wie Konrad Lorenz es ausdrückte:

> „In einem sehr wesentlichen Punkte aber ist jenes doch leichter zu ertragen als dieses: der Platz, den der menschliche Freund in deinem Leben ausfüllt, bleibt leer für immer; der deines Hundes kann wieder ausgefüllt werden."[167]

3.5 Der Hund als Ware

Einen Hund kann man sich auf verschiedenen Wegen beschaffen. Manche holen sich ihren Hund aus dem Tierheim, andere kaufen ihren Liebling in der Zoohandlung, wieder andere holen sich ihren Hausgenossen beim Züchter. In den Kleinanzeigenspalten der diversen Tageszeitungen und Anzeigenblätter werden regelmäßig Hunde angeboten. Das Angebot ist vielfältig. Fast ein Drittel der deutschen Hundepopulation besteht aus Mischlingen. Ihr Marktwert ist im Vergleich zu Rassehunden relativ gering. 20% aller hierzulande gehaltenen Hunde sind Dackel. Zu den beliebtesten Rassen gehören außerdem der Schäferhund, der Cockerspaniel, der Pudel, Boxer, diverse Schnauzer, Spitze, Collies und Pinscher.[168]

Eine extreme Erscheinung der Hundezucht sind die sogenannten „Qualzüchtungen", das sind Haustierrassen, denen bestimmte extreme körperliche Merkmale – eigentlich sind es genetische Defekte – angezüchtet werden, die in der Natur niemals vorkommen würden. Dabei entstehen dann Exemplare wie der „Nackthund", ein Tier, das in unserem Klima fortwährend friert oder der Shar-Pei, der Faltenhund, dessen Fell aussieht

Shar-Pei; Zeichnung von Wayne Howell; entnommen aus Tuan 1984, S. 170

---

[166] *Vgl. Rehm 1993, S. 94.*
[167] *Lorenz 1993, S. 121.*

„wie ein ungemachtes Bett“.[169] In den vielen Hautfalten setzen sich Pilze und andere Krankheitskeime fest, so daß ein Shar-Pei zeit seines Lebens unter Juckreiz leidet. Oft kommen diese Hunde mit zugewachsenen Augen zur Welt, so daß die Lider vom Tierarzt mit einem Skalpell aufgeschnitten werden müssen.

Doch auch bekanntere Hunderassen, die unser Straßenbild prägen, leiden an genetischen Defekten. Hunde, denen ein besonders großer runder Kopf mit einer kurzen Schnauze angezüchtet wird, weil das als „niedlich“ gilt (Kindchenschema), leiden hauptsächlich an Kurzatmigkeit und Zahnproblemen; der große Kopf verursacht außerdem Geburtskomplikationen. Dazu gehören z. B. Pekinesen, Bulldoggen, Möpse und Boxer. Dackel und Bassets haben im Vergleich zu ihrem langen Rumpf viel zu kurze Beine. Die Folge sind Gelenkschäden und ein Verkalken der Bandscheiben durch den chronisch überlasteten Rücken, was zu der sogenannten „Dackellähmung“ führen kann. Immer mehr deutsche Schäferhunde erkranken an Hüftgelenkdysplasie, einer schmerzhaften Gelenkerkrankung, denn die Zuchtrichtlinien für Schäferhunde erfordern einen abfallenden Rücken.[170]

Menschen, die ihren Hund beim Züchter kaufen, scheinen sich über diese Zusammenhänge nicht im klaren zu sein. Neben dem Wunsch, etwas Besonderes und Ausgefallenes zu besitzen, muß es noch andere Gründe geben, daß solche Hunde gezüchtet und dann auch gekauft werden. Yi-Fu Tuan charakterisiert die Beziehung zwischen Mensch und Haustier als eine Beziehung, geprägt von Herrschaft und Zuneigung zugleich.[171] Symbolischer Ausdruck dieser Beziehung ist der Mensch, der sich zum Hund hinabbeugt und ihn streichelt – eine liebevolle Geste des Überlegenen dem Unterlegenen gegenüber, die zwischen Gleichgestellten nicht denkbar ist.[172]

> „Dominance may be cruel and exploitative, with no hint of affection in it. What it produces is the victim. On the other hand, dominance may be combined with affection, and what it produces is the pet.“[173]

Macht über Tiere kann auf zwei Arten ausgeübt werden, zum einen, indem man durch Züchtungen ihr Aussehen und Wesen nach menschlichen Wunschvorstellungen formt, zum anderen, indem man ihren Willen durch Erziehung und Dressur unterwirft.[174] Es ist sicherlich

---

[168] *Vgl. Kühl 1992, S. 204.*
[169] *Tuan 1984, S. 170.*
[170] *Zu den Qualzüchtungen vgl. Deutscher Tierschutzbund e.V. 1992 und Franke 1985, S. 34ff.*
[171] *Tuan 1984.*
[172] *Vgl. ebd., S. 171.*
[173] *Ebd., S. 2.*
[174] *Vgl. ebd., S. 169.*

sinnvoll, daß Hunde, vor allem in der Großstadt, gehorchen müssen. Doch für manchen Besitzer ist der Gehorsam des Hundes reiner Selbstzweck. Durch nichts kann man Tuan zufolge seine Macht über ein anderes Wesen auf eine lustvollere Art auskosten als durch das Einfordern von sinnlosen Übungen, die zudem noch völlig widernatürlich sind. Tuan führt hier die Hundeaustellungen an, die ein Forum für die Eitelkeit bieten, aber darüber hinaus eine Gelegenheit geben, ein Lebewesen „öffentlich zu dominieren und zu demütigen". Eine beliebte Übung auf solchen Ausstellungen ist es, den Hund vor einen gefüllten Freßnapf zu setzen und ihn nicht fressen zu lassen, bis er die Erlaubnis dazu bekommen hat.[175]

Durch die Zucht und durch die Abrichtung wird der Hund zum Produkt menschlicher Vorstellungen. Auch körperliche Eingriffe wie das Kupieren von Ohren und Schwanz, das bei manchen Hunderassen üblich ist, oder die Kontrolle der Fortpflanzung durch Sterilisation und Kastration dienen diesem Ziel. Als Geschöpf des Menschen wird der Hund zum Objekt degradiert: „As with his gods, man creates his dogs in his own image." [176] Der Mensch wird im Gegenzug als Schöpfer erhöht: „Success in these endeavors gives people a godlike sense of power over life." [177] Der Hund wird so zum Spielball menschlicher Interessen, seine Persönlichkeit wird verleugnet. Für den Züchter ist der Hund primär eine Ware, ein Wertgegenstand. Erst wenn er von Menschen gekauft wird, die in dem Hund ein Familienmitglied oder einen Partner sehen, kann er wieder zur Person werden. Der Übergang des Hundes vom Gegenstand zur Person wird deutlich in dem Satz „Der *Erwerb* eines Hundes ist deshalb mit großer Sorgfalt vorzunehmen, weil man damit praktisch ein neues *Mitglied in die Familie* aufnimmt"[178] aus einem Ratgeber über Heimtierhaltung.

3.6 Wegwerfhunde

Im Münchner Tierheim werden pro Jahr ungefähr 1400 bis 1500 Hunde abgegeben, und nach einer vorsichtigen Schätzung werden jährlich 200 bis 300 Hunde in München ausgesetzt.[179] Jedes Jahr werden insgesamt ungefähr 180.000 Hunde in deutsche Tierheime gebracht.[180] Oftmals handelt es sich dabei um sogenannte „Weihnachtshunde". Aus einer spontanen Laune heraus oder auf Drängen der Kinder gekauft, steigert so ein kleiner, niedlicher Welpe die Weihnachtsfreude – bis die Familie ernüchtert feststellt, daß sich so ein Hund zu

---

[175] *Vgl. ebd., S. 107f.*
[176] *Foote 1956, S. 216.*
[177] *Tuan 1984, S. 169.*
[178] *Spangenberg 1993, S. 27.*
[179] *Telefonische Auskunft des Münchner Tierheims; die Zahl der ausgesetzten Hunde läßt sich schwer schätzen, weil unter den aufgegriffenen Hunden auch solche sind, die sich nur verlaufen haben.*
[180] *Deutscher Tierschutzbund e.V. 1990.*

„unerwarteter Größe auswächst“[181], die Kinder die Lust an ihrem neuen Spielzeug verlieren und ein Hund viel Zeit und Fürsorge beansprucht. So landet der zur Last gewordene Hausgenosse im Tierheim oder wird sogar manchmal bei der nächsten Ferienreise kurzerhand an der Autobahnraststätte ausgesetzt. Das Aussetzen von Tieren ist übrigens verboten und kann nach dem Tierschutzgesetz mit einer Geldbuße bis zu 50.000 DM bestraft werden.[182] Christian Kühl, der Verfasser des Buches „Mensch und Hund – Freunde fürs Leben“ bietet eine Erklärung für dieses Verhalten an:

> „In einer Gesellschaft, die sich gern als tierlieb feiern läßt, fürchtet so mancher um seinen guten Ruf, wenn er sich von seinem Haustier trennt und ihm ein neues Heim sucht. Also wird das Tier in einer Nacht- und Nebel-Aktion an einen Ort verbracht, von dem es möglichst nicht nach Hause finden soll. Verendet der Hund, so braucht sein Besitzer wenigstens nicht zuzusehen.“ [183]

Eine weitere Erklärung ist in dem Status des Hundes als Heimtier zu finden. Da die Bindung zum Hund nicht auf wirtschaftlichen, sondern auf emotionalen Grundlagen beruht, ist sie jederzeit aufkündbar.[184] Ein Nutztier dagegen wird normalerweise behalten, solange es seinen Zweck erfüllt. In diesem Zusammenhang ist auch die Wirkung von Spielfilmen oder Fernsehserien, in denen „dressierte Tiere scheinbar logische Handlungen durchführen“ [185], nicht zu unterschätzen. Wenn der eigene Hund nun nicht in der Lage ist, auch nur annähernd solche Leistungen zu vollbringen, wie der Filmheld es kann, ist die Enttäuschung vorprogrammiert: „(...) der bisherige Liebling wird zum ‚blöden Vieh‘ abgestempelt, weggegeben oder im schlimmsten Fall ausgesetzt.“ [186] Dem Hund wird dadurch ein schwerer seelischer Schaden zugefügt, denn als Rudeltier ist es ihm angeboren, dauerhafte Bindungen einzugehen.[187]

Die Anthropomorphisierung des Hundes führt zu Erwartungen, die der Hund als Tier nicht einlösen kann. Der Hund versagt als Person und wird dann wie ein Gegenstand beseitigt. So kann die Vermenschlichung des Hundes einerseits dazu führen, daß sich Hundebesitzer trotz großer Probleme nicht von „ihrem Kind“ trennen können, andererseits ist sie auf indirektem Wege die Ursache dafür, daß der Hund leichtfertig aus der Beziehung zum Menschen verstoßen wird.

---

[181] *Franke 1985, S. 42.*
[182] *Bayerisches Staatsministerium der Justiz 1989, S. 17.*
[183] *Kühl 1992, S. 119.*
[184] *Vgl. Rheinz 1994b, S. 5.*
[185] *Meyer 1990, S. 59.*
[186] *Ebd.*
[187] *Vgl. dazu Lorenz 1993, S. 15ff.*

3.7 Die Sprache der Dinge

Wer hierzulande einen gewöhnlichen Supermarkt betritt, wird feststellen, daß Fertignahrung für Tiere mindestens ebensoviel Platz in den Regalen einnimmt, wie Babynahrung. Für Hunde gibt es nicht nur gewöhnliches Dosenfutter, sondern u. a. auch Schokolade, Kekse, Müsliriegel und diverse Kauknochen. Im Umgang mit Hunden werden auch verschiedene Gegenstände verwendet. Darunter sind viele Dinge, die gar nicht existieren würden, gäbe es keine Hunde. Die Mensch-Hund-Beziehung hat ein ganzes „Sachuniversum" hervorgebracht. Diese Gegenstände sind in Zoohandlungen, Spezialgeschäften für Hundezubehör und in einer beschränkten Auswahl auch in großen Supermärkten oder Kaufhäusern erhältlich. Darüber hinaus können diese Dinge über den Versandhandel per Katalog bestellt werden. Im Katalog des Versandhändlers Rolf Schecker[188] wird auf 400 Seiten neben verschiedenen Nahrungsmitteln und Medikamenten auch Hundezubehör angeboten. Da auch die Dinge, die für Hundebesitzer angeboten werden, einen Einblick vermitteln können in die Beziehung zwischen Mensch und Hund, sollen einige der Produkte hier beschrieben werden.[189] Aufgrund des reichhaltigen Angebotes eignet sich der Schecker-Katalog vorzüglich als Quelle.

▪ Hygiene- und Pflegeprodukte

Für die Pflege des Fells gibt es ein breites Sortiment an Striegeln, Bürsten, Kämmen und Scheren.[190] Ebenso wie für Menschenhaar gibt es auch für das Hundefell Shampoo und Spülung – „ph-neutral".[191] Die Beschreibung zu einer Creme-Spülung für Pudel liest sich fast wie ein Werbespruch für Menschenshampoo: „Milde, hautfreundliche Wirkstoffe verleihen dem Haarkleid einen seidigen Glanz für eine natürliche Schönheit." [192] Darüber hinaus gibt es Pflegemittel für die Augen[193], die Ohren[194] und die „Gebiß- und Atempflege" [195]. Der Katalog enthält auch diverse Gegenstände für die Pflege der Pfoten[196], sowie verschiedene Mittel gegen Ungeziefer[197].

Unter der Überschrift „Heiße Höschen für heiße Zeiten" werden Slips und Slipeinlagen für läufige Hündinnen angeboten.[198] Um zu verhindern, daß eine läufige Hündin von fremden

---

[188] Schecker 1994.

[189] Auf Beschreibung der Nahrungsmittel und Medikamente wird hier verzichtet – sie würde den Rahmen dieser Arbeit sprengen.

[190] Vgl. ebd., S. 287-303.

[191] Vgl. ebd., S.305-307.

[192] Ebd., S. 306.

[193] Vgl. ebd., S. 319.

[194] Vgl. ebd., S. 320f.

[195] Vgl. ebd., S. 322f, hier S. 323.

[196] Vgl. ebd., S. 324f.

[197] Vgl. ebd., S. 312-318.

Rüden gedeckt wird, bietet Schecker Pasten und Sprays an, die die Sexuallockstoffe der Hündin übertönen. Das heikle Thema Sexualität wird im Katalog umschrieben: Von „aufdringlichen Verehrern" ist da die Rede, die die „Angebetete" „belästigen". Auch wird das Höschen nicht – wie fast alle anderen Produkte in diesem Katalog – an einem echten Hund, sondern an einem Plüschpudel demonstriert[199]

▪ Hundehütten und Hundemobiliar

Neben Hundehütten und Zwingern[200] , werden Freß- und Trinknäpfe[201], Decken und Körbchen[202] angeboten. Eine Besonderheit ist hier ein Trinknapf für Hundezwinger, der nach dem selben Prinzip funktioniert, wie automatische Viehtränken.[203] Alle diese Gegenstände sind schlicht und haben kein besonderes Dekor, wie etwa Bilder oder Aufschriften. Bei all diesen Dingen scheint die Zweckmäßigkeit im Vordergrund zu stehen. In Zoohandlungen kann man auch sehr kitschige Näpfe, Körbe und Decken antreffen, die zum Beispiel mit Sinnsprüchen oder Comicfiguren verziert sind.

▪ Gegenstände für den Transport von Hunden

Der Katalog enthält auch Reisezubehör und Gegenstände für den Transport von Hunden mit dem Auto, dem Fahrrad und zu Fuß. Für das Auto werden Sicherheitsnetze und Schutzgitter[204] passend für verschiedene Automarken und -typen angeboten. Die Alternative dazu sind Sicherheitsgurte für Hunde.[205] Darüber hinaus gibt es eine Reihe von Transportkäfigen, z. B. für die Reise im Flugzeug.[206] Um zu verhindern, daß der Hund das Auto verschmutzt, gibt es spezielle Schutzmatten für die Rücksitzbank[207] oder für den Kofferraum[208]. Weidenkörbe und Satteltaschen werden angeboten, damit man den Hund auch auf dem Fahrrad mitnehmen kann.[209] Wer mit seinem Hund eine Wanderung unternimmt, kann ihn – wenn es sich um einen kleinen Hund handelt – in einen Rucksack stecken.[210] Große Hunde können selbst einen Rucksack tragen.[211] Für Hunde von Seglern werden Schwimmwesten angeboten.[212]

[198] *Ebd., S. 132.*
[199] *Ebd.*
[200] *Vgl. ebd., S. 118f und. S. 238-279.*
[201] *Vgl. ebd., S. 106ff.*
[202] *Vgl. ebd., S. 102ff.*
[203] *Vgl. ebd., S. 108.*
[204] *Vgl. ebd., S. 158-165.*
[205] *Vgl. ebd., S. 144-147.*
[206] *Vgl. ebd., S. 148-155.*
[207] *Vgl. ebd., S. 140-143.*
[208] *Vgl. ebd., S. 166f.*
[209] *Vgl. ebd., S. 117.*
[210] *Vgl. ebd., S. 124.*
[211] *Vgl. ebd., S. 123.*
[212] *Vgl. ebd., S. 125.*

▪ Spielzeug

Das Hundespielzeug, das Schecker anbietet, wirkt relativ schlicht. Es gibt diverse Bälle, Frisbees, auf denen der Hund auch herumkauen kann, Hanteln und Ringe.[213] Auch verknotete Taustücke, die man eigentlich leicht selbst herstellen könnte, sind im Angebot. Sie kosten zwischen 19,95 und 39,95 DM.[214] In Zoohandlungen kann man phantasievolleres Hundespielzeug finden: Dort gibt es zum Beispiel Gummipüppchen in Form von Comicfiguren oder kleinen Monstern. Viele Hundespielsachen, z. B. die Bälle oder die kleinen Püppchen, die quietschen, wenn man sie drückt, haben Ähnlichkeit mit Spielzeug für Babys oder Kleinkinder. Sowohl Hunde- als auch Babyspielzeug wirkt relativ robust, ist leicht zu greifen und hat oft leuchtende Farben.

▪ Leinen und Instrumente zur Erziehung

Der Katalog beinhaltet eine relativ große Auswahl an Hundeleinen und Halsbändern.[215] Die Palette reicht von schlichten Ausführungen in Naturleder bis hin zu grellbunten Exemplaren in Neonfarben. Halsbänder, verziert mit Nieten in Form von Punkten, Rauten, Dreiecken und kleinen Enten werden unter der Überschrift „ ‚Silverstar' - Schmuckhalsbänder – denn auch Hunde wollen schick sein!" [216] angepriesen. Dieser Werbespruch zielt auf die Eitelkeit der Besitzer, ihr Bedürfnis, „schick" sein zu wollen, soll geweckt werden. Leinen sind nicht nur modisches Accessoire, sie haben in erster Linie den Zweck, den Hund festzuhalten oder festzubinden, damit er nicht fortläuft.

Leinen und Halsbänder sind auch Erziehungsinstrumente. Der Katalog hält u. a. Halsbänder in Form von Metallketten bereit, mit denen der Hund gewürgt werden kann.[217] Auch Stachelhalsbänder, die auf den unbefangenen Betrachter wie mittelalterliche Folterinstrumente wirken und deshalb offensichtlich häufiger unangenehm auffallen, kann man bestellen. Bei korrekter Anwendung, so verspricht der Katalogtext, seien diese Halsbänder, deren Stacheln nach innen zeigen, keineswegs eine Quälerei, sondern würden den Hund zur Folgsamkeit erziehen helfen, indem sie die Zähne der Mutter vortäuschen. Es gibt sie in einer silberfarbenen und einer brünierten Ausführung:

> „Um nicht unnötig Aufsehen zu erregen, liefern wir das Schüttel-Ruck-Halsband jetzt auch in brünierter Fellfarben-Ausführung, so daß es kaum noch auffällt und Passanten keinen Anlaß zu unberechtigter Kritik gibt." [218]

---

[213] *Vgl. ebd., S. 110-115.*
[214] *Vgl. ebd., S. 114.*
[215] *Vgl. ebd., S. 168-211.*
[216] *Ebd., S. 178.*
[217] *Vgl. ebd., S. 181.*

Für unfolgsame Hunde hält der Katalog noch weitere Mittel zur Disziplinierung bereit. Ein Gerät, das unerwünschtes Bellen verhindern soll, nennt sich „Citro-Kläff-Ex“. Es besteht aus einem Halsband mit einem kleinen Tank, das mit Zitronenöl gefüllt ist. Bellt der Hund, sprüht das Gerät mittels Elektronik das Zitronenöl in Richtung Schnauze. Der Effekt wird im Katalog mit der Wirkung von Parfum auf Menschen verglichen: „Kleine Mengen sind äußerst angenehm – große Mengen in hoher Konzentration wirken jedoch abstoßend.“ [219] Auch eine Steinschleuder, gedacht für Jäger, die ihren Hund aus einer größeren Entfernung bestrafen wollen, hat Schecker im Sortiment.[220] Ob man solche Produkte für Tierquälerei oder für ein legitimes Mittel zur Erziehung hält – sie dienen auf jeden Fall dazu, den Willen des Hundes zu brechen.

▪ Produkte für Wohnung und Garten von Hundehaltern

Für die Hundehalterwohnung bietet der Versandhändler neben einer Staubsaugerdüse für Hundehaare[221] auch chemische Geruchsentferner[222] sowie Tinkturen, die man auf die Möbel streicht und die den Hund davon abhalten, an den Möbeln zu nagen[223]. Auch Scherengitter, die man in den Türrahmen klemmen kann, hält Schecker bereit. So können bestimmte Räume für den Hund abgesperrt werden.[224]

Hundebesitzer, die ein Warnschild an ihrer Haus- oder Gartentür haben, müssen bei Hundebissen auf ihrem Grundstück in der Regel nicht die volle Haftung übernehmen.[225] Für den Gartenzaun gibt es gelbe Warnschilder mit den Aufschriften „Hier wache ich!“ oder „Herr im Haus bin ich!“ mit dem Zusatz „Betreten auf eigene Gefahr!“ und einem von Marlies Esser gezeichnetem Hundekopf (verschiedene Rassen zur Auswahl). Dazu heißt es: „Auch bei Warnschildern zeigen Sie mit Marlies Esser Stil!“ [226]

Hunde hinterlassen ihre Fäkalien auf Bürgersteigen, in Parks oder auf Grünstreifen am Wegrand. Damit fremde Hunde nicht den eigenen Garten oder die Hauswand verunreinigen, gibt es Fernhalte-Sprays wie „Get off – raus aus meinem Garten“, „Hunde-Stop“ oder „Eckenschutz-Pumpspray“.[227] Für die Hinterlassenschaften des eigenen Hundes werden

---

[218] *Ebd., S. 218.*
[219] *Vgl. ebd., S. 222.*
[220] *Vgl. ebd., S. 228.*
[221] *Vgl. ebd., S. 133.*
[222] *Vgl. ebd., S. 131.*
[223] *Vgl. ebd., S. 134.*
[224] *Vgl. ebd., S. 121.*
[225] *Vgl. Bayerisches Staatsministerium der Justiz 1989, S. 21.*
[226] *Schecker 1994, S. 378.*
[227] *Vgl. ebd., S. 126f.*

Pappbehälter zum Aufsammeln von Hundekot angeboten.[228] Es erscheint mir fraglich, ob alle Kunden, die mit Fernhaltespays die Verschmutzung durch fremde Hunde von ihrem Grundstück abwenden wollen, sich mit derselben Konsequenz um die Fäkalien ihres Hundes an anderen Orten kümmern.

■ **Hundebücher, Videos und Accessoires für den Besitzer**

Darüber hinaus kann man eine Reihe von Sachbüchern über Hunde, Hunderomane, Hundekalender und Videokassetten zum Thema „Hund“ bestellen. Auch Schlüsselanhänger mit Hundemotiven, Aufkleber, Plaketten, Brieftaschen und ähnliche Lederaccessoires hält das Sortiment bereit.

Alle diese Dinge haben zunächst einmal einen mehr oder minder stark ausgeprägten praktischen Nutzen. Hundehaltung in der Stadt etwa ist ohne den Gebrauch einer Hundeleine schlechterdings undenkbar. Darüber hinaus sprechen diese Objekte eine Sprache, sie geben Auskunft über die Beziehung zwischen Mensch und Hund. Unter den aufgeführten Dingen sind zunächst einmal etliche Objekte, die den Hund an den Menschen binden (Leinen) und seinen Aktionsradius einschränken (Käfige, Sperrgitter). Käfige und Leinen sind Zeichen dafür, daß der Hund *Besitz* des Menschen ist. Erziehungsinstrumente künden von der *Macht*, die der Mensch über den Hund ausübt. Spielzeug dagegen ist zum Vergnügen des Hundes da und drückt eine gewisse *Zuneigung* aus. Die in Abschnitt 3.5 beschriebene Ambivalenz zwischen Herrschaft und Zuneigung hat somit ihre Entsprechung in den Objekten. Gegenstände, die dem Hund ein menschliches Aussehen verleihen, wie z. B. Pullover oder Haarschleifchen, fehlen in diesem Katalog. Shampoos und andere Pflegemittel jedoch zeigen, daß sich der Hund bereits ein gutes Stück von seinen tierischen Ursprüngen entfernt hat. Ebenso wie ein Mensch, soll er gut riechen und gepflegt aussehen. Viele dieser Objekte haben zudem eine Botschaft, die an die Mitmenschen gerichtet ist, sie sollen z. B. Modebewußtsein (Leinen) und Stil (Warnschilder mit Hundeportraits) ausdrücken. Bei Stachelhalsbändern, die durch eine hundefellähnliche Farbe getarnt werden, wird die Botschaft dagegen unterdrückt, weil sie den Hundebesitzer unter Umständen in ein negatives Licht setzt. Im Beitrag von Utz Jeggle in dem Kongreßband „Umgang mit Sachen“ heißt es:

> „Den Menschen durch die Dinge zu erkennen, ist eine unserer Möglichkeiten; denn diese Mensch-Ding-Beziehung ist (...) nie nur individuell, sondern in ihrer strukturellen Bedeutung und heute zumeist auch an der sichtbaren Oberfläche vergesellschaftet.“[229]

---

[228] *Vgl. ebd., S. 135.*
[229] *Jeggle 1983, hier S. 12.*

Auch die Gegenstände, die ein Hundebesitzer benutzt, sind „vergesellschaftet“. Sie vermitteln nicht nur einen Einblick in die Art und Weise, wie Hunde in unserer Kultur wahrgenommen werden, sondern darüber hinaus auch Einblicke in übergeordnete kulturelle Prozesse: Mobilität zum Beispiel hat heute einen hohen Stellenwert in unserer Gesellschaft. Gegenstände für Auto und Reise ermöglichen es, Hundehaltung und Mobilität zu vereinbaren. Die vielen Utensilien zur Pflege des Hundes, sowie zur Pflege der Hundehalterwohnung, Mittel zum Überdecken von Gerüchen, deuten darauf hin, daß der „Prozeß der Zivilisation“ auch die Welt der Hunde erfaßt hat.

3.8 Zusammenfassung

Als Heimtier gehört der Hund zu einer „ambivalenten Tierkategorie“. Als Familienmitglied, dessen Geburtstag man feiert, mit dem man redet, spielt, spazierengeht, um das man sich Sorgen macht und dessen Tod man betrauert, wird der Hund als Person wahrgenommen. Genauso aber lassen sich Umgangsformen finden, die auf eine Wahrnehmung des Hundes als Gegenstand schließen lassen, den man nach Belieben anschaffen oder wieder abschaffen kann und den man durch Erziehung, Zucht und körperliche Eingriffe nach eigenen Vorstellungen formt. Gerade solche Umgangsformen machen deutlich, daß sich die Beziehung zwischen Mensch und Hund vorwiegend als die Beziehung zu einem anthropomorphisierten Lebewesen, d. h. einer Person, oder als Objektbeziehung, d. h. einem Gegenstand, herausstellt. Die Alternative, ein Tier sein zu dürfen, mit seinen natürlichen Bedürfnissen und Trieben, gibt es für den Hund als Heimtier in der westlichen Industriegesellschaft offenbar nur selten.

Interessant ist nun, daß die Wahrnehmung eines Hundebesitzers nicht in allen Fällen mit den kulturellen Werten und Normen der Gesellschaft in Einklang zu stehen scheint. Dies ist vor allem dann der Fall, wenn die Trauer um einen verstorbenen Hund als „übertriebene Gefühlsduselei“ gewertet wird oder auch wenn die in der amerikanischen Studie befragten Hundebesitzer einen Widerspruch zwischen Verstand und Gefühl erleben und sich fragen, warum sie es nicht fertigbringen, einen schwierigen Hund einfach wegzugeben.

Anthropomorphisierung in *gewissen Grenzen* scheint jedoch in unserer Kultur durchaus geduldet zu werden: Schließlich wundert sich niemand darüber, daß Hunde Namen haben. Lévi-Strauss bemerkt, daß Hunde, obschon sie „ein Teil der menschlichen Gemeinschaft sind“, darin „einen so bescheidenen Platz einnehmen“, daß sie keine üblichen menschlichen Vornamen, sondern nur „metaphorische Namen“, wie „Azor“, „Sultan“ oder „Fido“ bekommen. Auch würde bei uns niemand auf die Idee kommen, wie in manchen Kulturen üblich, den

Besitzer nach dem Hund zu nennen.[230] Dennoch kommt es, zumindest hierzulande, manchmal vor, daß Hunde menschliche Vornamen bekommen, ja gelegentlich sogar, daß ein Besitzer durch seinen Hund bezeichnet wird! Als ich nach Interviewpartnern für diese Arbeit suchte, vermittelte mich die Hundebesitzerin G. S. an eine andere Hundehalterin weiter mit den Worten: „Sagen Sie ihr, Sie haben ihre Adresse vom ‚Frauchen von der Momo'."

Die Tatsache, daß Hundefleisch als Nahrung tabu ist, scheint ebenfalls eine verbindliche Norm in unserem Kulturkreis zu sein, die sowohl von Hundebesitzern als auch von Nicht-Hundebesitzern eingehalten wird, es sein denn, es handelt sich um eine Notlage. Nicht einmal Menschen, die eine ausgesprochen negative Einstellung zu Hunden haben, würden im Normalfall gegen diese Norm verstoßen.

Wenn Hunde wie Gegenstände behandelt werden, so stößt dies in Extremfällen auf Kritik. Besonders die sogenannten „Qualzüchtungen" oder das Aussetzen unerwünschter Hunde sind Umgangsformen, die vor allem der Tierschutzbewegung zu weit gehen. Wer Hunde einfach aussetzt, verstößt dabei nicht nur gegen moralische Normen, sondern er übertritt ein Gesetz. Menschen, die ihre Hunde über das „normale Maß" hinaus herumkommandieren, lassen den Verdacht aufkommen, daß manche Hundehalter einen „autoritären Charakter"[231] haben.

Der Pluralismus in den Umgangsformen, das Fehlen etablierter kultureller Verhaltensregeln, beispielsweise wie man im Falle des Todes eines Hundes zu verfahren hat, aber vor allem der „Bewertungspluralismus" deuten darauf hin, daß die beschriebenen Wahrnehmungsmuster nicht gefestigt sind; die Grenze zwischen Gegenstand und Person ist flexibel.

---

[230] *Lévi-Strauss 1968, S. 238f.*
[231] *Vgl. dazu Serpell 1986, S. 28f.*

4. Kosten und Nutzen der Hundehaltung

4.1 Kosten der Hundehaltung

Einen Hund zu halten, bedeutet einen erheblichen Aufwand an Zeit, Mühe und Kosten. Man muß Futter, Versicherungen und Tierarztkosten bezahlen. Im Laufe eines Hundelebens, das im Durchschnitt 14 Jahre dauert, können Ausgaben entstehen, die dem Gegenwert eines Kleinwagens entsprechen.[232] Zudem muß man täglich mit dem Hund „Gassi gehen", egal ob draußen die Sonne scheint oder ob „Hundewetter" herrscht, ob es regnet, stürmt oder schneit.

Hundehalter sind in ihrer Mobilität eingeschränkt: Viele Urlaubsländer verlangen, bevor sie einen Hund ins Land lassen, eine mehrwöchige Quarantäne, um auszuschließen, daß gefährliche Krankheiten eingeschleppt werden. Reisen mit dem Flugzeug stellen ebenfalls ein Problem dar. Manche Fluggesellschaften erlauben zwar kleine Hunde in der Passagierkabine, große Hunde müssen aber in einer Transportbox in den Frachtraum – was vor allem auf Langstrecken eine unangenehme Prozedur für die Tiere ist.[233] So verzichten viele Hundebesitzer auf Urlaubsreisen in ferne Länder, es sei denn, sie können auf Verwandte oder Freunde zurückgreifen, die den Hund während ihrer Abwesenheit betreuen, oder sie geben ihn in eine Tierpension, was aber wiederum die Urlaubskosten in die Höhe treibt. Wenn man bedenkt, was für einen hohen Stellenwert der Jahresurlaub in unserer Gesellschaft hat, bringen Hundebesitzer ein bemerkenswertes Opfer.

Hundehalter nehmen, wie alle Tierhalter, auch in Kauf, daß ihre Wohnung nicht so ordentlich ist, wie das bei Leuten ohne Tiere der Fall ist. Hanna Rheinz, die selbst mit zwei Katzen zusammenlebt, beschreibt in dem Kapitel „das Bestiarium im Wohnzimmer" aus ihrem Buch „Eine tierische Liebe" eine typische Tierhalterwohnung:

> „Betritt man die Wohnung des Tierliebhabers, wird der Hauptmieter sogleich am typischen Geruch erkannt. Ein scharfer, je nach Witterung fauliger bis salpetriger Geruch empfängt den Besucher in der Hundewohnung, ein fischiges Parfum mit leichtem Ammoniak-Bouquet dagegen dominiert in der Katzenbehausung. (...) Allerlei Spielsachen für den vierbeinigen Hausbewohner liegen auf dem Boden verstreut, Teppich oder Teppichboden sind immer irgendwo lädiert, die Polstermöbel charakteristisch markiert: Der Bezug hängt in den Ecken in Fetzen herunter. Hundekörbchen stehen herum, Katzenklos okkupieren wichtigen Abstellraum, häßliche Katzenbäume, mit braunem Plüsch bezogen, verstellen, obwohl von Katzen beharrlich ignoriert, den Ausblick. Will der Gast sich setzen, wird er sogleich wieder aufgescheucht: „Nein, bitte nicht dahin." Das ist der Lieblingsplatz von Fifi, Mimi oder Mausi. Die Kleiderschränke sind zum

[232] *Vgl. Rehm 1993, S. 106.*

[233] *Diese Informationen stammen aus der Broschüre „Mein Tier hat's auch im Urlaub gut!" hg. von der Edition Heimtiere.*

> Bersten gefüllt mit karierten Hundecapes und selbstgestrickten Mützen für verschnupfte Vierbeiner. Im Bad: Maniküre-Sets für die Klauenpflege, Glanzshampoos und ein Arsenal tierhomöopathischer Stärkungspillen und Lotionen.“ [234]

Schließlich kann ein Hund als „Konfliktfaktor“ zum „Auslöser zwischenmenschlicher Ängste, Befürchtungen und Konflikte“ [235] werden, wenn zum Beispiel andauerndes Hundegebell zu Nachbarschaftsstreitigkeiten führt, wenn andere Menschen sich durch aggressive Hunde bedroht und eingeschüchtert fühlen oder gar von bissigen Hunden verletzt werden. Jedes Jahr werden in Deutschland fast 10.000 Kinder und ungefähr 3000 Briefträger von Hunden gebissen.[236]

Damit sind bereits „Kostenfaktoren“ angesprochen, die nicht nur den einzelnen Hundebesitzer, sondern die Gesellschaft als Ganzes betreffen. Die Gefährlichkeit von „Kampfhunde“-Rassen, wie z. B. Pitbulls oder Mastini, und die Verunreinigung von öffentlichen Straßen und Plätzen durch Hundekot sind zwei Reizthemen, über die regelmäßig – oft in reißerischer Manier – in den Medien berichtet wird. Hunde bedrohen „Leib und Leben“, die „Normen der öffentlichen Ruhe“ und die „Normen der öffentlichen Sauberkeit“.[237] Utz Jeggle konstatiert, daß der Mensch es trotz des „Bedeutungsschwundes“ der Hunde als „Generalnutztiere“ zuläßt, daß Hunde „akustisch jeden Quadratmeter bewohnten Gebietes erreichen“ und daß sie ihren Kot „unverfroren überall da hin machen, wo es ihnen, respektive ihren Eignern paßt“, und kommt zu dem Schluß:

> „Daß die Gesellschaft nicht ordnend eingreift, läßt ahnen, daß im Hund, beziehungsweise im System Herr-Hund ein gesellschaftlicher Nutzen steckt, der freilich in Dimensionen liegt, die nicht ohne weiteres einsichtig sind.“ [238]

In den westeuropäischen und amerikanischen Industrieländern werden Nutztiere wie Kühe, Schweine oder Hühner unter drangvoller Enge in Massenstallungen gehalten (Beispiel: Legebatterien), auf dem Transport zum Schlachthof stunden- und tagelang Hitze, Kälte, Hunger und Durst ausgesetzt und dann oft nicht einmal kunstgerecht, d. h. schmerzlos geschlachtet. Die ökonomisch nutzlosen Hunde, die, wie ich zu zeigen versucht habe, sowohl für den einzelnen Besitzer als auch für die Gesellschaft einen erheblichen Kostenfaktor darstellen, erfahren offensichtlich in unserer Kultur eine wesentlich höhere Wertschätzung als die Nutztiere, die den Menschen Nahrung und Kleidung liefern (und ihren Besitzern Profit).

---

[234] *Rheinz 1994a, S. 21f.*
[235] *Bergler 1986, S. 119.*
[236] *Vgl. Franke 1985, S. 26.*
[237] *Bimmer 1991, S. 198ff.*
[238] *Jeggle 1974, S. 11.*

In einer Kosten-Nutzen-orientierten Gesellschaft wie der unsrigen muß das zweifellos ein Widerspruch bleiben, solange man nicht den immateriellen Nutzen analysiert, den Heimtiere für ihre jeweiligen Besitzer zu bieten scheinen.[239]

> „Cats and dogs are expensive to keep, time-consuming to care for, and difficult to manage. Pestilent pets spread disease and infection, pollute the environment, and deflect scarce resources away from human priorities. (...) Given their persistence in the face of serious disincentives, we can only conclude that companion animals must do something which their owners believe to be beneficial. Moreover, those benefits must be believed to be substantial.“ [240]

Welche Bedürfnisse sind es, die im Zusammenleben zwischen Mensch und Hund befriedigt werden, wenn der Hund trotz der damit verbundenen Unannehmlichkeiten und Kosten in unserem Kulturkreis als Haustier gehalten wird? Anders ausgedrückt: Welche Rollen[241] kann der Hund aufgrund der kulturellen Zuschreibung als Gegenstand und Person zugleich in dieser Beziehung einnehmen bzw. welche Funktionen kann er erfüllen? Oder – wie Andreas C. Bimmer es formuliert: „Wo liegt der Nutzen, die Triebfeder, was reizt so ungemein?“ [242]

4.2 Nutzen der Hundehaltung

Die amerikanische Soziologin Jean E. Veevers bezeichnet mit den Begriffen „projective function“, „sociability function“ und „surrogate function“ drei Hauptkategorien von Funktionen, die in einem engen Verhältnis zwischen Mensch und Haustier zum Tragen kommen:[243]

> „The *projective function* involves the extent to which pets may serve as a symbolic extension of the self. The *sociability* function involves the role of pets in facilitating human-to-human interactions. The *surrogate function* involves the extent to which interaction with pets may supplement human-to-human interaction, or serve as a substitute for it.“ [244]

Der Begriff „projective function“ soll mit „Spiegel der Persönlichkeit“ umschrieben werden, hier geht es um den Zusammenhang von Hundehaltung und der Verwirklichung von „Selbstbildern“ bzw. „Fremdbildern“. Anschließend soll die „sociability function“ von Hunden, d. h. ihr Einfluß als „sozialer Katalysator“ auf zwischenmenschliche Beziehungen erörtert werden, um dann auf ihre Funktion als Ergänzung und Ersatz zwischenmenschlicher Beziehungen („surrogate function“) einzugehen. Das Einteilungsschema von Veevers bietet m. E. einen

---

[239] *Zum Umgang mit Nutztieren und dem daraus resultierenden Paradox vgl. Serpell 1986, S. 3-16*

[240] *Veevers 1985, S. 27.*

[241] *Unter „Rolle“ versteht man „die Summe der Erwartungen und Ansprüche einer Gruppe (...) oder der gesamten Gesellschaft an das Verhalten und das äußere Erscheinungsbild (...) eines Inhabers einer sozialen Position“. Hartfiel 1972, S. 566; in dieser Arbeit bezieht sich der Begriff „Rolle“ auch auf die Erwartungen und Ansprüche eines einzelnen Hundebesitzers.*

[242] *Bimmer 1991, S. 197.*

[243] *Veevers 1985.*

[244] *Ebd., S. 11, Hervorhebungen von Veevers.*

nützlichen Rahmen für eine systematische Darstellung der diversen Rollen und Funktionen, durch die der Haushund verschiedenen Bedürfnissen nachkommt. Darüber hinaus spielen Hunde eine wichtige Rolle als „Bindeglied zwischen Natur und Kultur“, eine Funktion, die in dem Schema von Veevers nicht enthalten ist. Die Rolle des Hundes in der Kindererziehung soll ebenfalls erörtert werden.

4.2.1 Hunde als „Spiegel der Persönlichkeit“

Mit „Spiegel der Persönlichkeit“ ist gemeint, daß Menschen die Vorstellung, die sie von sich selbst haben, ihr „Selbstbild“, auch auf ihren Hund übertragen. Durch ihren Hund setzen sie – bewußt oder unbewußt – ein Zeichen, das besagt, wie sie von ihrer Umgebung eingeschätzt werden möchten. Hundehalter können sich selbst mit ihrem Tier identifizieren und von anderen mit ihrem Tier identifiziert werden:

> „A person publicly identified with a companion animal makes a symbolic statement of their personality and self-image. Whether or not this process is intentional, the presence of the pet and the way it is treated become factors which are taken into account in the assessment of the social self.“ [245]

Diese Selbsteinschätzung muß von der Umgebung nicht unbedingt geteilt werden, andere Menschen bilden sich ihre eigene Meinung von dem, was sie sehen.

Konrad Lorenz spricht in diesem Zusammenhang von „Parallel-“ oder „Resonanzhunden“ und von „Komplementärhunden“.[246] Resonanzhunde entsprechen in ihrem Wesen dem Charakter ihres Besitzers. Zu introvertierten, sensiblen Menschen gehört demzufolge ein Hund, der ebenfalls scheu, zurückhaltend und empfindsam ist, während zu lebhaften, extrovertierten Menschen ein draufgängerischer mutiger Hund paßt. Das Verhältnis eines Menschen zu einem Komplementärhund beschreibt man am besten mit den Worten „Gegensätze ziehen sich an“. Eine solche Komplementärbeziehung wäre z. B. dann gegeben, wenn ein dickfelliger, mutiger Hund auf einen sensiblen, ängstlichen Besitzer trifft. Komplementärhunde können ein guter Ausgleich persönlicher Defizite sein. Wenn zu große Gegensätze aufeinanderprallen, kann es allerdings schnell zu Konflikten kommen. Lorenz empfiehlt deshalb die Anschaffung eines Resonanzhundes, der der eigenen Persönlichkeit entspricht. Ein Resonanzhund ist für Lorenz ein Zeichen dafür, daß der Besitzer mit sich selbst in Einklang ist.[247]

---

[245] *Ebd., S. 13.*
[246] *Lorenz 1993, S. 44ff.*
[247] *Vgl. ebd., S. 45.*

In die Kategorie „Spiegel der Persönlichkeit“ gehört auch die Funktion von Hunden als Statussymbol, denn als solche können sie Zeichen für einen gehobenen Lebensstil sein. Das bedeutet nicht nur, daß man in der Lage ist, sich zum Beispiel einen teuren Rassehund anzuschaffen, sondern auch daß man – besonders bei großen Tieren – für ihren Unterhalt aufkommen kann und über genügend Zeit (oder Angestellte) verfügt, um für das Tier zu sorgen und es zu pflegen. Als Statussymbole teilen Hunde oft den exklusiven Lebensstandard ihrer Besitzer und werden in Schönheitssalons, speziellen Restaurants, Tierhotels und Pensionen verhätschelt und verwöhnt. Diese Auswüchse, über die die Medien oft und gerne berichten – auch Veevers zitiert hier vor allem Zeitungsberichte –, tragen m. E. nicht unerheblich zu dem negativen Ansehen bei, das Hundehalter bei manchen Nicht-Hundehaltern genießen. Es ist unbestritten, daß manche Menschen Hunde ausschließlich aus Prestigegründen halten. Die zahlenmäßige Verbreitung dieses Phänomens ist aber bislang noch nicht ausreichend erforscht worden, um gesicherte Aussagen zum Zusammenhang von Schichtzugehörigkeit und Hundehaltung zu machen.[248]

Während Hunde als Statussymbole in der Regel bewußt eingesetzte Zeichen sein dürften, können Hunde auch auf einer unbewußten Ebene Zeichen für einen bestimmten Lebensstil ihres Besitzers sein. Menschen, die auf eine elegante, gepflegte Erscheinung Wert legen, werden wahrscheinlich auch einen gepflegten Hund haben, den sie mit modischen Accessoires ausstatten wie z. B. einer chicen Leine, am Halsband die Hundesteuermarke in einem ordentlichen Täschchen. Hunde von sportlich gekleideten Menschen werden, wenn überhaupt, an einer schlichten Leine geführt und haben oft ein lässiges rotes Halstuch um.

> „The kind of pet a person selects, like the kind of car one drives, or the style of clothes one wears, is a way of expressing one’s personality. The person who says: ‚Love me, love my dog‘ is making a statement of his right to individual preference.“ [249]

Man hört immer wieder, daß Hunde ihrem „Herrchen“ oder „Frauchen“ ähnlich sähen, daß Haarfarbe und Frisur dem Fell des Hundes gleichen, daß beide eine ähnliche Statur hätten oder einen ähnlichen Gesichtsausdruck. Die Feststellung von irgendwelchen physiognomischen Ähnlichkeiten zwischen „Herr und Hund“ dürfte ebenso von der Interpretationsgabe des Betrachters abhängen wie die Feststellung von Ähnlichkeiten zwischen einem neugeborenen Säugling und seinen Eltern oder gar Großeltern.[250] Der Macho mit der Bulldogge, der deutsche Spießer mit dem Schäferhund, der gemütliche Bayer mit dem Dackel und die einsame alte

---

[248] *Vgl. Bergler 1986, S. 39ff.*
[249] *Veevers 1985, S. 13.*
[250] *Vgl. Bergler 1986, S. 30.*

Dame, die ihren Mops mit Pralinen vollstopft, sind weitverbreitete Stereotypen, die die Frage nach einem Zusammenhang zwischen Hundehaltung und Persönlichkeitsmerkmalen aufwerfen. Ein solcher Zusammenhang konnte jedoch bis jetzt noch nicht wissenschaftlich erhärtet werden, da die zahlreichen empirischen Studien, die bereits zu diesem Thema durchgeführt wurden, widersprüchliche Ergebnisse aufweisen. So gibt es Untersuchungen, die belegen, daß Hundehalter extrovertierte, hilfsbereite und kinderliebe Menschen sind (im Gegensatz zu Katzenhaltern, die eher zu Egoismus und Introvertiertheit neigen), und Studien, die Heimtierhaltern generell eine Abwendung von ihren Mitmenschen bescheinigen. Eine dritte Gruppe von Untersuchungen konnte überhaupt keine signifikanten Unterschiede zwischen Haustierbesitzern und Nicht-Haustierbesitzern feststellen. Die abweichenden Ergebnisse lassen sich wahrscheinlich zum Teil darauf zurückführen, daß das soziale und kulturelle Umfeld der untersuchten Personengruppen zu wenig in die Überlegungen mit einbezogen wurde.[251]

Ungeachtet dessen, ob ein Hund nun in Form eines Statussymbols als bewußt gesetztes Zeichen dient oder eher unbewußt den Lebensstil seines Besitzers widerspiegelt, und auch ungeachtet dessen, ob überhaupt ein nachweisbarer Zusammenhang zwischen der Persönlichkeit des Besitzers und seinem Hund besteht: Menschen werden von anderen Menschen auch danach beurteilt, „mit wem sie Umgang pflegen".[252]

4.2.2 Hunde als „soziale Katalysatoren"

Heimtiere, besonders Hunde, wirken in vielfältiger Weise als „soziale Katalysatoren", denn als „Aufmerksamkeitsstimuli" und „begehrenswerte Objekte" wecken sie das Interesse von Fremden[253] und fördern so die Kommunikation.

> „Pets facilitate interaction by being social lubricants. They provide a neutral subject of conversation, and perform a variety of functions as social catalysts." [254]

In unserer Kultur ist es weitgehend unüblich, fremde Leute auf der Straße anzusprechen, es sei denn man fragt nach dem Weg oder erkundigt sich nach der Uhrzeit. Diese Scheu wird bei Leuten, die von einem Hund (oder auch von einem kleinen Kind) begleitet werden, überwunden, denn es gilt als „sozial akzeptabel", Tiere von fremden Leuten anzusprechen, ja sogar anzufassen.[255] Durch den Umweg über den Hund als „Eisbrecher" kann so ein Gespräch mit seinem Besitzer eingeleitet werden. Die Kontaktaufnahme kann auch direkt vom Hund ausgehen,

[251] *Vgl. Veevers 1985, S. 13f; ausführliche Darstellungen dieser Studien finden sich bei Serpell 1986, S.28ff und Bergler 1986, S. 43ff, der besonders die mangelnde Berücksichtigung des Kontextes kritisiert.*

[252] *Vgl. Lockwood 1985, S. 378.*

[253] *Messent 1985, S. 391.*

[254] *Veevers 1985, S. 11.*

[255] *Vgl. Messent 1985, S. 392.*

wenn dieser zu einer anderen Person hinläuft oder an ihr hochspringt.[256] Bestätigt wurde die „erhöhte soziale Sichtbarkeit“ von Hundebesitzern durch eine Studie, die in London durchgeführt wurde. Die Teilnehmer der Studie gingen einmal mit und einmal ohne Hund, jeweils auf derselben Route, im Hyde Park spazieren. Waren sie mit Hund unterwegs, wurden sie wesentlich häufiger angesprochen, als das ohne Hund der Fall war.[257]

Die Gesprächskontakte, die sich auf Hundespaziergängen ergeben, dürften allerdings eher kurzlebig und relativ oberflächlich verlaufen. Für alte und einsame Menschen, die für jede Art von Ansprache dankbar sind, bieten Hundespaziergänge aber wenigstens eine Möglichkeit, über das Tier mit andern Menschen in Kontakt zu kommen. Hunde und andere Heimtiere können nicht nur dazu beitragen, Sozialkontakte zu initiieren, sondern sie können sich auch positiv auf bereits bestehende zwischenmenschliche Beziehungen auswirken.

Eine Untersuchung über „Unterhaltungen in geselligen Interaktionskontexten“, also Gesprächen im Familien- oder Freundeskreis, kommt zu dem Ergebnis, daß Heimtiere in vielerlei Hinsicht als „kommunikative Ressourcen“ fungieren können.[258] Der Verfasser der Studie, Jörg Bergmann, hat mehrere solcher Unterhaltungen aufgezeichnet und analysiert. Er stellte dabei fest, daß, wann immer ein Gespräch zu versiegen, sich festzufahren oder in einen Konflikt auszuarten droht, anwesende Heimtiere als „lebende Interaktionsstaffage“ elegant in die Unterhaltung einbezogen werden können. Die Beteiligten lenkten in einer kritischen Gesprächssituation die Aufmerksamkeit auf die Katze oder den Vogel, indem sie dem Tier etwas zuriefen oder eine Bemerkung über das Tier machten, und gaben so der Unterhaltung eine andere Wendung. Daraus konnte sich dann oft ein Gespräch über das Tier entwickeln, denn als „Lebewesen, die einen Charakter entwickeln“, stecken Heimtiere voller Geschichten und Anekdoten und dienen somit als „narrative Ressourcen“.[259] Anders als beim Klatsch über andere Menschen, der bekanntermaßen nur dann funktioniert, wenn die Person, um die es geht, nicht anwesend ist, kann man Geschichten über Haustiere problemlos in deren Gegenwart erzählen.[260]

Bis jetzt ging es darum, inwiefern Hunde und andere Haustiere zwischenmenschliche Sozialbeziehungen fördern können. Genausogut können sie aber auch das Gegenteil bewirken. Leute, die mit gefährlichen oder ekelerregenden Tiere zusammenleben (z. B. Schlangen, Vogelspinnen oder Kampfhunde), halten damit andere Menschen auf Distanz. Hier wirken

---

[256] *Vgl. Council for Science and Society 1988, S. 30. Das kann aber auch als bedrohlich oder zumindest unangenehm empfunden werden, zumal wenn es sich um einen großen Hund handelt.*
[257] *Vgl. Messent 1983.*
[258] *Bergmann 1988.*
[259] *Ebd., S. 307.*
[260] *Ebd.*

Heimtiere als „Barrieren".[261] In den Zeitungen tauchen hin und wieder Berichte über alte Menschen auf, die ganze Scharen von Hunden oder Katzen in ihrer Wohnung halten und völlig zurückgezogen von ihren Mitmenschen leben. Überfordert von den vielen Tieren hausen sie in einer verwahrlosten, unhygienischen Umgebung, die mögliche Besucher wirkungsvoll abschreckt.[262]

In seinen Überlegungen zum „Nutzen der Hunde"[263] zeigt Utz Jeggle anhand von historischen Quellen aus dem Universitätsarchiv auf, wie Tübinger Korpsstudenten im 19. Jahrhundert ihre Hunde dazu benutzen, einerseits die Stärke ihrer Studentenverbindung zu demonstrieren und andererseits andere Menschen einzuschüchtern und zu bedrohen. Die einzelnen Studentenverbindungen hielten sich riesige Hunde als „Maskottchen" und ließen sie in Hundewettkämpfen gegeneinander antreten. Wenn früher die Dogge der Studentenverbindung Suevia die Kinder von harmlosen Sonntagsspaziergängern anfiel, so wird heute, meint Jeggle, die „Drohpose und Einschüchterungsfunktion" wesentlich „subtiler inszeniert":

> „Man kommt zu guten Freunden, wird in ein schwieriges Gespräch verwickelt, und dann betritt Harras die Interaktionsbühne, reißt durch Schlecken irgendwelcher Glieder („er will doch bloß spielen") den Kommunikationsfaden ab und gibt dem Herrchen so das Gefühl ständiger Gesprächsüberlegenheit." [264]

So hat die Funktion von Hunden als „sozialer Katalysator" durchaus eine zwiespältige Qualität.

4.2.3 Hunde als Ergänzung und Ersatz zwischenmenschlicher Beziehungen

Zwischenmenschliche Kontakte können durch einen Hund bereichert bzw. ergänzt werden, bis hin zum teilweisen oder vollständigen Ersatz solcher Beziehungen. Das Ausmaß, in dem ein Hund den Platz einer menschlichen Bezugsperson einnimmt, ist von Fall zu Fall unterschiedlich. Damit geht eine wachsende Anthropomorphisierung einher[265]: Je stärker ein Hund die Rolle eines menschlichen Gegenübers einnehmen muß, desto stärker wird er vermenschlicht und als Person wahrgenommen.

> „Since interaction with companion animals can approximate human companionship, the presence of pets may serve to supplement the benefits usually derived from the roles of friend, parent, spouse, or child. Alternatively, pets may serve as surrogate antagonists. In the extreme, interaction

---

[261] *Veevers 1985, S. 18.*
[262] *Vgl. ebd.*
[263] *Jeggle 1974.*
[264] *Ebd., S. 14f.*
[265] *Vgl. Veevers 1985, S. 19.*

with companion animals may not only supplement human companionship, but may actually replace it.“ [266]

Hunde können Ersatzfreunde, Ersatzpartner, Ersatzkinder – ja sogar Ersatzfeinde sein. Viele Dinge, die man mit Freunden unternimmt, kann man auch mit seinem Hund unternehmen. Man kann zusammen spazierengehen, zusammen spielen und vieles mehr, aber vor allem kann man das tun, wann immer man selbst dazu Lust hat. Ein Hund ist immer verfügbar. Anders als Freunde, können Hunde – der menschlichen Sprache nicht mächtig – ihre Besitzer weder kritisieren noch verraten. Ein Hund ist treu. Alle Geheimnisse, die der Mensch seinem tierischen Freund anvertraut, bleiben gewahrt.[267]

Manche Menschen sollen die Gesellschaft ihres Hundes sogar der ihres (Ehe-)Partners vorziehen.[268] Die extremste Form der Anthropomorphisierung findet ihren Ausdruck in sexuellen Beziehungen zwischen Menschen und Tieren. Davon handeln zahlreiche Mythen, viele Völker leiten ihre Entstehungsgeschichte aus einer Verbindung zwischen menschlichen und tierischen Vorfahren her und man vermutet, daß diese Mythen auch einen realen Hintergrund haben.[269] In der Psychiatrie sind zuweilen Fälle von Sodomie dokumentiert.[270] Sodomie ist in fast allen Kulturen ein Tabu und gilt als bizarre sexuelle Perversion – wahrscheinlich, weil damit die letzte Grenze zwischen Mensch und Tier aufgehoben wird. Das Sodomie-Tabu ist so stark, daß es über dieses Thema kaum wissenschaftliches Material gibt.[271]

Ein weiterer unerfreulicher Aspekt der Rolle des Hundes als Ersatz ist seine Funktion als Ventil für Aggressionen, die im zwischenmenschlichen Kontakt aus verschiedenen Gründen nicht ausgelebt werden können. In der Regel sind es Kinder, die schwächsten Mitglieder in der Familie, die ihre Wut an dem Hund auslassen, dem einzigen, der noch schwächer ist als sie selbst: „Wenn ungeliebte Kinder Tiere quälen, wiederholen sie damit, was ihnen selbst angetan wurde.“ Man hat herausgefunden, daß Straftäter, die aus gewalttätigen Familien kommen, überdurchschnittlich oft in ihrer Kindheit Tiere mißhandelt hatten.[272] Als Ersatzfeind kann ein Hund aber auch das Objekt zielgerichteter und bewußter Aggression sein. Nach dem Motto „Hate me – hate my dog“ wird dem geliebten Hund des Feindes etwas angetan, um damit den verhaßten Besitzer zu treffen.[273]

---

[266] *Ebd., S. 11.*
[267] *Ebd., S. 20f.*
[268] *Ebd., S. 21f.*
[269] *Vgl. Rheinz 1994a, S. 189ff.*
[270] *Ebd.*
[271] *Vgl. Rheinz 1994a, S. 189 und Veevers 1985, S. 22; meines Wissens ist die einzige ausführliche Abhandlung zu diesem Thema das 1994 erschienene Buch „Geliebtes Tier“ von Midas Dekkers.*
[272] *Vgl. dazu Kellert; Felthous 1985.*

Der Hund als Kind-Ersatz ist ein populäres Stereotyp, zahlenmäßig scheint dieses Vorurteil jedoch nicht der Realität zu entsprechen. Vielmehr tendieren eher Paare mit Kindern, als kinderlose Paare dazu, sich einen Hund anzuschaffen. Dafür sprechen einige Erhebungen aus Großbritannien und den USA[274] und eine Statistik der „Interessengemeinschaft deutscher Hundehalter“ [275], der zufolge 86% der Hunde in Familien, definiert als Haushalte mit mehr als zwei Personen, gehalten werden. Auch wenn der Hund als Kind-Ersatz nur für eine Minderheit von Bedeutung ist, kann er für diese Minderheit einen großen Stellenwert haben. Für kinderlose Paare oder Eltern, deren Kinder bereits erwachsen sind und das Elternhaus verlassen haben, können Hunde oft in der Tat einen idealen Ersatz bieten, denn Kinder und Hunde sind gleichermaßen auf die Fürsorge von Erwachsenen angewiesen. Als „perpetual infants“ werden Hunde nie erwachsen, bleiben für immer und ewig unschuldig und abhängig.[276] Der schmerzhafte Ablösungsprozeß zwischen Eltern und Kindern, der mit der Pubertät der Kinder beginnt, bleibt Hundebesitzern erspart. Anders als manchmal Kinder wissen Hunde die Aufmerksamkeit und Fürsorge immer zu schätzen, sie sind niemals undankbar. Ein Hund wird nie erwachsen, er lernt nie zu sprechen, für sich selbst zu sorgen, er bleibt immer derselbe: „The dog is a sign, an icon of constancy.“ [277]

4.2.4 Hunde als Bindeglied zwischen Kultur und Natur

Der Psychiater Aaron Katcher hat insgesamt vier Merkmale ausfindig gemacht, die nötig sind, um das physische und psychische Gleichgewicht eines Menschen zu stabilisieren, und die zugleich die Beziehung zwischen Mensch und Hund charakterisieren.[278] Diese Merkmale sind „safety“, „intimacy“, „kinship“ und „constancy“. Die Anwesenheit von Hunden kann ein Gefühl der Sicherheit („safety“) vermitteln. In einem Experiment fand man heraus, daß Kinder einen niedrigeren Blutdruck aufwiesen, wenn noch ein Hund im Zimmer war, als wenn sie mit dem Versuchsleiter allein waren.[279] Mit „Sicherheit“ ist auch gemeint, daß Menschen in Begleitung von Hunden zugänglicher und vertrauenswürdiger wirken. In seiner Rolle als „sozialer Katalysator“ befriedigt der Hund somit das Bedürfnis nach Sicherheit. Katcher zufolge sind die wichtigsten Attribute von Intimität („intimacy“) sanfte Berührung und das Gespräch.

---

[273] *Veevers 1985, S. 25.*

[274] *Vgl. ebd., S. 22f sowie Council for Science and Society S. 26, Katcher 1983, S. 525.*

[275] *Interessengemeinschaft Deutscher Hundehalter e.V.: Der Hund. Eine Dokumentation. Hamburg o.J.; zitiert nach Rehm 1993; die Aussagekraft dieser Quelle ist begrenzt, da sowohl Jahresangabe als auch Angabe der Erhebungsmethode fehlen. Vgl. Rehm 1993, S. 52.*

[276] *Vgl. Savishinsky 1983, S. 119.*

[277] *Katcher 1983, S. 526.*

[278] *Katcher 1983.*

[279] *Ebd., S. 522.*

Im Gespräch hat der Hund die Rolle des „emphatischen Zuhörers“ [280], der dem Gesagten zustimmt, ohne zu widersprechen. In einer Kultur, in der Körperkontakt und Intimität nur zwischen ausgesprochen nahestehenden Personen üblich ist, ist der vertraute Umgang mit einem Hund ein kulturell akzeptierter Weg, diese Bedürfnisse auszuleben, ohne das Mißverständnis einer sexuellen Annäherung zu riskieren.[281] Mit „kinship“ meint Katcher den sozialen Kontext, in dem die Intimität zwischen Mensch und Hund verwirklicht wird, und das ist die Familie.[282] Der Hund wird als Familienmitglied betrachtet und dementsprechend behandelt.

Die Konstanz („constancy“) in der Beziehung zwischen Mensch und Hund ist ein entscheidendes Kriterium, warum sich Hunde als Kindersatz eignen. Ein kleines Kind, das sich noch ganz von seinen Bedürfnissen und Trieben leiten läßt, ist in seiner Unschuld noch ganz der Natur verhaftet, erst im Laufe der Zeit entwickelt es sich zu einem kulturellen Wesen. Im Prozeß des Erwachsenwerdens, so führt Katcher aus, verliert es seine Unschuld und muß deshalb mit den moralischen Werten und Normen seiner Gesellschaft konfrontiert werden. Ein Hund verbleibt im Stadium von Adam und Eva vor dem Sündenfall[283], er wird nie eine Entwicklungsstufe erreichen, in der sich die Frage nach Schuld oder Moral stellen wird.

> „The dog, in being a constant child, like a four-legged peter pan, is fixed between culture and nature. The child is between culture and nature but moves inexorably away from his natural origins. The dog stays fixed in his dual role, neither wolf nor person.“ [284]

Katcher zufolge ist in unserer Gesellschaft die Organisation der Arbeit weitgehend zielgerichtet und aufstiegsorientiert. Neuerungen und Wandel gelten als erfolgsversprechend und haben einen hohen Stellenwert im Leben. Regelmäßigkeit und eine stabile Umgebung, Konstanz also, wird nur noch den Kindern zugestanden. Arbeit, die sich immer wiederholt, den Bestand garantiert, also zum Beispiel Hausfrauenarbeit, wird in der Wachstumsgesellschaft negativ bewertet. Eine lineare Zeitvorstellung hat die von der Natur vorgegebene zyklische Zeit, die Tages-, Monats-, Jahreszeiten und Lebenszyklen – die früher die bäuerliche Arbeit bestimmten – abgelöst. Trotzdem, meint Katcher, haben die Menschen nach wie vor ein Bedürfnis nach Stabilität und nach einer Verbindung zur Natur – und die kann ihnen ein Hund durch sein immer gleichbleibendes Wesen vermitteln.

Die Psychologin Hanna Rheinz bezeichnet die Haustierhaltung als „charakteristisch urbane Auseinandersetzung mit der Natur“.[285] Zum einen verhilft die Lebensgemeinschaft mit einem

---

[280] *Ebd., S. 523.*
[281] *Vgl. ebd., S. 524.*
[282] *Ebd., S. 524f.*
[283] *Vgl. ebd., S. 525.*
[284] *Ebd., S. 526.*

Haustier zu einer „Auseinandersetzung mit der äußeren Natur, von der sich der Stadtbewohner entfernt hat", und zum anderen ermöglicht sie eine „Manipulation mit der inneren Natur". Die Beziehung zum Haustier wird zu „einem Akt psychosozialer Hygiene", denn im Kontakt mit dem Tier können die Emotionen ausgelebt werden, die im Kontakt mit Menschen zurückgehalten werden müssen.[286]

Für Savishinsky hat das Halten von Haustieren in den westlichen Industriegesellschaften dieselbe Funktion wie der Totemismus, Rituale und Mythen für Stammesgesellschaften. Er greift den Gedanken von Lévi-Strauss[287] über die Vermittlung zwischen den Gegensätzen Natur und Kultur durch diese Institutionen auf, und überträgt ihn auf unseren Kulturkreis. Hier übernehmen Haustiere die Vermittlung zwischen Natur und Kultur.

> „My pet theory about pets [*sic*] is that their ambiguity as cultured, nonhuman creatures who share our intimate lives allows them to mediate in this manner. In keeping pets, we combine the conscious and the unconscious in the same way that we do when observing rituals, telling myths and respecting categories. The bonding and reconciliaton of culture with nature that pets symbolize is one of the most important of these meanings (...)" [288]

Der Hund als Bindeglied zur Natur bedeutet also weit mehr, als auf Hundespaziergängen im Freien in Kontakt mit der Natur zu kommen. Im Zusammenleben mit dem Hund als einem amoralischen, naturhaften Wesen akzentuiert der Hundehalter seine eigene Kultiviertheit. Seine eigene Naturhaftigkeit wiederum, repräsentiert durch seine emotionalen Bedürfnisse (nach Intimität, Konstanz usw.), wird in gesellschaftlich akzeptierte Bahnen gelenkt und damit kultiviert.

4.2.5 Hunde als Erzieher

Wenn Eltern ihrem Kind einen Hund kaufen, so knüpfen sie daran oft bestimmte Hoffnungen. Das Kind soll sich selbst um „seinen Hund" kümmern, es soll regelmäßig mit ihm spazierengehen, es soll die Verantwortung für sein Futter und seine Pflege übernehmen. Hinter diesen Hoffnungen verbergen sich bestimmte kulturelle Wertvorstellungen: Verantwortungs- und Pflichtbewußtsein und Regelmäßigkeit gelten als Tugenden, die in der Kindheit erlernt werden sollen. Auch soll damit ein rücksichtsvolles, in vieler Hinsicht altruistisches Verhalten gefördert werden, denn eigene „egoistische" Wünsche müssen zurückgestellt werden, wenn ein

---

[285] *Rheinz 1994b, S. 5.*
[286] *Ebd., S. 5f.*
[287] *Savishinsky bezieht sich hier auf „Das wilde Denken", vgl. Savishinski 1983, S. 179.*
[288] *Savishinsky 1983, S. 129.*

anderes Wesen die Aufmerksamkeit und Fürsorge beansprucht. Vereinfacht ausgedrückt: Ein Kind kann eben nicht spielen gehen, wenn es den Hund „Gassi“ führen muß.

Mit zentralen Ereignissen des Lebens, wie Geburt, Sexualität und Tod werden Kinder oft das erste Mal in ihrem Leben durch das Haustier konfrontiert:

> „(...) children's earliest experiences of central life events, such as birth, death and sexuality often come from owning or watching companion animals. Such episodes provide a useful opportunity to learn about and discuss topics which tend, otherwise, to be suppressed or avoided.“ [289]

In der Art und Weise, wie in einer Familie mit diesen zentralen Ereignissen umgegangen wird – ob man tatsächlich darüber spricht oder sie geflissentlich ignoriert –, werden ebenfalls kulturelle Botschaften transportiert. Es sind Botschaften über den kulturellen Umgang mit diesen Ereignissen, ihre Bewertung und auch über damit verbundene Tabus. In dieser Hinsicht trägt ein Hund, wie jedes andere Haustier, zum Prozeß der *Enkulturation*, dem Hineinwachsen in kulturelle Werte, Normen und Verhaltensweisen bei.[290]

4.3 Zusammenfassung

Das Zusammenleben zwischen Mensch und Hund bietet also eine Reihe von Möglichkeiten. Ein Hund kann die Persönlichkeit des Menschen spiegeln und erweitert so dessen Mittel sich auszudrücken und sich zu verwirklichen. Damit erlaubt der Hund auch anderen Menschen, die Persönlichkeit seines Besitzers genauer einzuschätzen. Ob diese Einschätzung der Realität entspricht oder auf Vorurteilen basiert, kann letztendlich nicht entschieden werden. Ferner kann ein Hund seinem Besitzer als Regulativ für die sozialen Beziehungen zu seinen Mitmenschen dienen. Dabei bietet er ihm die Möglichkeit, verschiedene emotionale Bedürfnisse auszuleben: Das kann das Bedürfnis sein, andere Menschen kennenzulernen und mit ihnen in Kontakt zu treten oder sich von ihnen abzugrenzen, aber auch das Bedürfnis, andere Menschen zu kontrollieren und Macht über sie auszuüben. Die Wirkung von Hunden in ihrer Eigenschaft als „Spiegel der Persönlichkeit“ und als „sozialer Katalysator“ ist allerdings kulturabhängig. Menschen, die aus Kulturkreisen kommen, in denen Hundehaltung überhaupt nicht oder in einer anderen Form üblich ist, werden die soziale Konstellation „Herr und Hund“ wahrscheinlich anderes bewerten.

Die Beziehung zwischen Mensch und Hund hat eine individuelle, eine gesellschaftliche und eine kulturelle Dimension. Auf der individuellen Ebene kann ein Hund etwas ergänzen oder ersetzen, was ein Mensch im Zusammenleben mit anderen Menschen vermißt. Gefühle wie

---

[289] *Council for Science and Society 1988, S. 27.*

[290] *Zum Begriff „Enkulturation“ vgl. den Beitrag von Claessens im Wörterbuch der Soziologie, S. 145 f.*

die Sehnsucht nach Zärtlichkeit und Intimität, das Bedürfnis, jemanden zu umsorgen oder seinen Aggressionen Luft zu verschaffen, werden hier auf den Hund übertragen. Im sozialen Zusammenhang hat die Rolle des Hundes als Ersatzperson noch eine andere Bedeutung. In ihrer Eigenschaft als Seelentröster für einsame alte Menschen oder als Ventil für psychisch gestörte Kinder fangen Hunde soziale Defizite auf und erfüllen so eine gesellschaftsstabilisierende Funktion. In diesem Zusammenhang ist auch die Rolle des Hundes als „empathischer Zuhörer" interessant, denn wir leben in einer Gesellschaft, die Eigenschaften wie „Konfliktfähigkeit" hochhält, in der einer „Streitkultur" das Wort geredet wird.

Ersatz impliziert immer eine zweite, eine schlechtere Wahl. In der Nachkriegszeit stellten die Menschen Ersatzkaffee her, weil sie keinen richtigen Bohnenkaffee bekommen konnten. Nur ein Ersatz für etwas Höherwertiges, nämlich eine zwischenmenschliche Beziehung, gilt ein enges Verhältnis zu Haustieren in dieser Hinsicht als Fetischismus – als „petishism".[291] Menschen, die die Gesellschaft von Hunden der Gesellschaft von Menschen vorziehen, laufen Gefahr, für verrückt erklärt zu werden oder sich zumindest lächerlich zu machen, denn dadurch erhält der Hund den Status einer Person, der in dieser Ausprägung nicht gebilligt wird. Wenn Haustiere zum Ersatz für wirkliche Menschen werden, wird oft die „Vermassung der Gesellschaft", die „Auflösung traditioneller Gemeinschaften", die „Anonymität der Großstädte", in denen vor allem alte Menschen zunehmend vereinsamen, dafür verantwortlich gemacht. Die Kritik an der Anthropomorphisierung mündet in eine Kritik an der Gesellschaft.[292]

Gesellschaftlicher Wandel ist immer zugleich kultureller Wandel. In der Beurteilung dieses Wandels als Abkehr von einer als „naturnäher" empfundenen Lebensweise von früher kommen bestimmte kulturelle Konzepte, ein bestimmer „world view" zum Ausdruck. Damit wären wir bei der kulturellen Dimension der Mensch-Hund-Beziehung angelangt: Wenn die Anthropomorphisierung des Hundes (in seiner Rolle als Ersatz) von Nicht-Hundehaltern zuweilen als „unnatürlich" und „sentimental" bewertet wird und als Indiz für eine Entfremdung des Menschen von der Natur gilt – gleichzeitig aber der Hund für den Hundebesitzer eine Rückbindung an die Natur bedeutet –, so wird damit von beiden Gruppen dennoch ein ähnliches Bild von der Natur konstruiert. Indem sich der Mensch einen Hund ins Haus holt, stellt er die verlorene Verbindung zur „äußeren" Natur, die in unserem Kulturkreis als „Gegenwelt" [293], als etwas spezifisch anderes wahrgenommen wird, wieder her. Zugleich kann durch die verschiedenen emotionalen Bedürfnisse, die im Zusammenleben zwischen Mensch und Hund

---

[291] *So lautet der Originaltitel von Szazs (1970), siehe Literaturverzeichnis im Anhang.*
[292] *Vgl. dazu z. B. Szasz 1970, die genau diese Auffassung vertritt.*
[293] *Vgl. dazu Großklaus; Oldemeyer, 1983.*

erfüllt werden, die „innere“ Natur des Menschen gebändigt werden. Die Vorstellung, bestimmte Gefühle kontrollieren zu müssen, der Gedanke diese Gefühle (nur) im Kontakt mit einem Hund ausleben zu können, verweist ebenfalls auf bestimmte kulturelle Konzepte, denn Regeln und Normen, die den Umgang mit Emotionen betreffen sind weitgehend kulturspezifisch . Die kulturelle Dimension im Zusammenleben zwischen Mensch und Hund kommt ebenfalls in der Rolle des Hundes beim Prozeß der Enkulturation zum Ausdruck.

5. Interviews mit vier Hundehaltern

Wie läßt sich nun die Ambivalenz in der Wahrnehmung des Hundes, der als Gegenstand und Person zugleich empfunden wird, anhand von konkreten Beispielen aufzeigen? Da sich ein Hundehalter dieser Ambivalenz nicht bewußt sein dürfte, muß sie vor allem auf indirektem Wege erschlossen werden, indem man Fragen zum alltäglichen Umgang und zum Verhalten in besonderen Situationen stellt und versucht, über Meinungsäußerungen und Bewertungen der Befragten Rückschlüsse auf verinnerlichte kulturelle Werte und Normen zu ziehen.

Vier Hundebesitzer wurden interviewt und gewährten so einen Einblick in die Beziehung zu ihrem Hund: E. K., die Besitzerin von Julchen, einer Rauhaardackelhündin, G. S., die Besitzerin einer großen Hündin namens Momo (Mischling zwischen Dogge und Riesenschnauzer), C. B., die Besitzerin von Muckl, einem Rauhaardackelrüden, und H. S., der Besitzer eines männlichen Entlebucher Sennenhundes, genannt Bärli.

5.1 Vorbereitung und Durchführung der Interviews

5.1.1 Der Interviewleitfaden

Teilstandardisierte Interviews, auch Leitfadeninterviews genannt, sind eine Sonderform des „qualitativen Interviews" und unterscheiden sich von den standardisierten Interviews insofern, „daß es im Interview keine Antwortvorgaben gibt und daß *die Befragten ihre Ansichten und Erfahrungen frei artikulieren können*".[294]

Der Interviewleitfaden, dessen Fragen nicht wörtlich vorgelesen, sondern frei formuliert wurden, um die Situation so „natürlich" wie möglich zu gestalten, enthielt folgende Fragen bzw. Themen:

Einleitungsfrage (als Aufforderung formuliert):

Bitte erzählen Sie, wie Sie zu Ihrem Hund gekommen sind.

Motive und Funktionen:

Was waren Ihre Motive, sich diesen Hund anzuschaffen?

Könnten Sie sich auch vorstellen, eine Katze zu haben?

Hat der Hund für Sie eine Bedeutung als Schutz?

Wie ist Ihr Hund zu seinem Namen gekommen?

---

[294] *Hopf 1991, S. 178, Hervorhebung von mir.*

Fragen zum täglichen Umgang:

Bitte schildern Sie, wie Ihr Tagesablauf mit dem Hund aussieht. Haben sich da irgendwelche festen Gewohnheiten zwischen Ihnen und dem Hund herausgebildet?

Wo hält sich der Hund normalerweise auf? Hat er Lieblingsplätze? Inwieweit nehmen Sie darauf Rücksicht? Gibt es Räume oder Plätze in der Wohnung, wo der Hund nicht hin darf? Darf Ihr Hund ins Bett, wenn nicht, versucht er das trotzdem? Wie reagieren Sie? Bettelt Ihr Hund bei Tisch, und wie reagieren Sie darauf?

Einbezug in familiäre Feste und Aktivitäten:

Feiern Sie den Geburtstag Ihres Hundes?

Wird der Hund in die Weihnachtsfeierlichkeiten mit einbezogen?

Haben Sie Fotos von ihrem Hund gemacht?

Wer ist die Hauptbezugsperson für den Hund? Welche Einstellungen haben die anderen Familienmitglieder/Ihr Mann/Ihre Frau etc... zu dem Hund?

Stärke der emotionalen Bindung bzw. der Anthropomorphisierung:

Wie verständigen Sie sich mit dem Hund? Worüber sprechen Sie mit ihm? Wie erkennen Sie seine Bedürfnisse und Absichten? Glauben Sie, daß der Hund Sie versteht?

Wie wäre das für Sie, wenn der Hund einmal stirbt? Wie würden Sie ihn bestatten? Oder: Wie war das für Sie, als Ihr Hund starb, wie haben Sie ihn bestattet?

Stellenwert von Hunden und anderen Tieren im Lebenslauf des Befragten:

Hatten Sie früher schon Tiere? Hatten Sie als Kind Tiere? Was für eine Bedeutung hatte dieses Tier in Ihrer Kindheit?

Aussagekraft von Geschichten als mögliche Informationsquelle:

Können Sie sich an ein besonders angenehmes Erlebnis mit Ihrem Hund erinnern? Können Sie sich an ein besonders unangenehmes Erlebnis erinnern?

Die als Aufforderung formulierte Einleitungsfrage sollte den Befragten helfen, sich „in den Interviewablauf einzugewöhnen“ [295], denn diese Frage kann jeder Hundehalter beantworten. Die Umstände der Anschaffung des Hundes dürften oft mit Geschichten und Anekdoten verbunden sein, die bereits einen Einblick in die Motive des Befragten für die Hundehaltung geben können, nach denen im Anschluß gefragt wurde. Die Frage nach der Katze zielte auf eine

[295] *Atteslander, S. 117.*

Präzisierung bzw. Konkretisierung der genannten Motive. Indem der Befragte reflektieren muß, was ihm ein Hund bietet, was ihm eine Katze vielleicht nicht bieten kann, gibt er unter Umständen einen Einblick in seine Vorstellungen vom „Nutzen" der Hundehaltung. Hundenamen können Rückschlüsse zulassen auf die Hoffnungen und Erwartungen, die der Besitzer seinem Tier entgegenbringt.[296]

Durch den Fragenkomplex zur Gestaltung des täglichen Umgangs erhoffte ich mir weitere Indizien für eine ambivalente Wahrnehmung. Hier galt es herauszufinden, inwieweit der Hund räumlich und zeitlich in das menschliche Leben mit einbezogen wird bzw. an welchen Stellen er unter Umständen ausgegrenzt wird. Danach, ob Tierhalter den Geburtstag ihres Hundes feiern und ob sie ihr Tier fotografieren, wurde auch in der oben erwähnten Untersuchung an der Tierklinik in Philadelphia gefragt. In einem qualitativen Verfahren läßt sich nun auch herausfinden, auf welche Weise – wenn überhaupt – der Geburtstag eines Hundes begangen wird. Wenn dieser für Menschen bestimmte Brauch auf einen Hund übertragen wird, ist das m. E. ein starkes Indiz für die Anthropomorphisierung des Tieres. In ähnlicher Weise gilt dies auch für die Weihnachtsfeierlichkeiten. Inwieweit der Hund in dieses „Fest der bürgerlichen Familie" [297] einbezogen wird, läßt auf seine Integration in den Familienverband und die Stärke der emotionalen Bindung schließen.

Der Umgang mit dem Tod des Hundes ist ebenfalls ein Gradmesser für die Stärke der emotionalen Bindung und der Anthropomorphisierung. Die Art, wie ein Hundebesitzer seinen Umgang mit dem Tod des Hundes für sich interpretiert, läßt zudem Einblicke in gesellschaftliche und kulturelle Bewertungsmaßstäbe erhoffen.

Zum Ende des Interviews wurden verschiedene soziodemographische Daten erfragt, die stichpunktartig notiert wurden. Erhoben wurden Angaben zum Alter, zu den genauen Familienverhältnissen, zum Beruf und zur Größe der Wohnung des Besitzers. Darüber hinaus wurde nochmals zur Kontrolle das genaue Alter des Hundes, die Rassebezeichnung, der Zeitpunkt der Anschaffung und der Anschaffungspreis des Hundes erfragt. Da solche Fragen unter Umständen als indiskret oder zu direkt hätten empfunden werden können, wurden sie mit Absicht erst zum Schluß gestellt, um den „Rapport"[298] nicht zu gefährden. Der Gesprächsleitfaden wurde flexibel eingesetzt, das bedeutet, die Reihenfolge der Fragen wurde nicht strikt eingehalten, sondern dem Verlauf des Gesprächs angepaßt.

---

[296] *Vgl. Savishinsky 1983, S. 120.*

[297] *Zu den „weihnachtlichen Verhaltensmustern der deutschen Bürgerfamilie" vgl. Weber-Kellermann 1989, S. 300-325.*

[298] *Damit ist eine gute Beziehung zwischen Interviewer und Interviewtem gemeint; vgl. dazu Hopf 1978, S. 98.*

5.1.2 Auswahl der Interviewpartner

Um Hundebesitzer zu finden, die Auskunft über die Beziehung zu ihrem Tier geben, sind verschiedene Vorgehensweisen möglich. Eine in der volkskundlichen Feldforschung übliche Form der Kontaktaufnahme ist es, sich an eine „Schlüsselperson" zu wenden, die dem Forscher dann Interviewpartner weitervermittelt. In der Regel handelt es sich dabei um Personen, die in der Gruppe, die man untersuchen will, ein gewisses Ansehen und einen gewissen Respekt genießen und die aufgrund ihrer Stellung die einzelnen Mitglieder der Gruppe gut kennen. Will man zum Beispiel im Rahmen einer Gemeindestudie einzelne Dorfbewohner interviewen, ist es günstig, sich zunächst an den Lehrer, Pfarrer oder Bürgermeister als „Schlüsselperson" zu wenden.[299]

So wäre es möglich gewesen, einen Tierarzt zu kontaktieren oder an Trainer in Dressurschulen bzw. an Vereinsvorstände heranzutreten, um durch die Vermittlung dieser Personen auskunftsbereite Hundehalter zu finden. Beide Möglichkeiten wurden jedoch verworfen, da im ersten Fall wahrscheinlich die Sorge um den kranken Hund zu sehr im Vordergrund gestanden hätte und im zweiten Fall sich vor allem besonders interessierte und engagierte Hundebesitzer zur Verfügung gestellt hätten.

Aufgrund dieser Überlegungen und nicht zuletzt aus arbeitsökonomischen Gründen wurden die Interviewpartner nach dem „Schneeballsystem" ausgewählt, d. h. Freunde und Bekannte wurden gebeten, nach auskunftsbereiten Hundebesitzern Ausschau zu halten. Dieses Verfahren hatte den Vorteil, daß die Interviewpartner nicht „überrumpelt" wurden, sondern sich frei und in Ruhe die Teilnahme überlegen konnten. Die Einführung durch Freunde und Bekannte erzeugte zudem eine gewisse Vertrauensbasis – zugleich konnte jedoch die nötige Distanz aufrecht erhalten bleiben, da ich zwei der Befragten vorher überhaupt nicht kannte und die anderen beiden nur flüchtig. Der ursprüngliche Plan, nur Personen zu interviewen, die ihren Hund noch haben, wurde geändert, da sich im Laufe der Literaturrecherche herausgestellt hatte, daß der Tod eines Heimtieres ein zentrales Ereignis ist und Aussagen dazu für die Hypothese, daß Hunde auch als Personen wahrgenommen werden, einen wichtigen Stellenwert haben. So wurden mit C. B. und H. S. zwei Besitzer interviewt, deren Hund vor kurzer Zeit gestorben war, mit G. S. und E. K. dagegen zwei Besitzer, die ihren Hund noch hatten.

---

[299] *Vgl. dazu Lindner 1984, S. 59ff, Lindner thematisiert auch die Problematik dieser Vorgehensweise.*

5.1.3 Erhebungssituation und Verlauf der Interviews

Die Interviews dauerten zwischen einer knappen Stunde und etwas über zwei Stunden und fanden mit einer Ausnahme in der Wohnung der Befragten statt. H. S. wurde in seinem Büro interviewt. Da wir uns dort weitgehend ungestört unterhalten konnten, hielt ich das methodisch für vertretbar. Das in Abschnitt 4.2.2 beschriebene Phänomen, daß Heimtiere ein beliebtes Gesprächsthema sind und die zwischenmenschliche Kommunikation fördern können, kam auch den Interviews zugute: Alle vier Interviewpartner vermittelten den Eindruck, als wenn sie ausgesprochen gern über ihren Hund erzählten. Auch die Tatsache, daß sich die Befragten in der betriebsamen Vorweihnachtszeit zu einem Interview bereitfanden, ohne daß sie dafür eine Gegenleistung erwarten konnten, spricht dafür. Die Gesprächsatmosphäre gestaltete sich bei allen Interviews fast durchweg entspannt, die Befragten boten mir Getränke an und fühlten sich offensichtlich durch das mitlaufende Tonband nicht gestört. Die Auskunftsfreudigkeit der Interviewten wurde vermutlich auch dadurch gefördert, daß ihnen Anonymität zugesichert wurde.

„Jede Befragung stellt eine soziale Situation dar. Dazu gehören nicht nur Menschen, die miteinander sprechen, sondern auch die jeweilige Umgebung" heißt es bei Atteslander.[300] In dieser Hinsicht unterschieden sich die Interviews mit H. S. und C. B. von denen mit G. S. und E. K. dadurch, daß bei letzteren der Hund anwesend war. Meine Befürchtungen, daß Julchen oder Momo, die Hunde der Interviewpartner, auf die Anwesenheit einer fremden Person negativ reagieren könnten, erwiesen sich als unbegründet: Beide Hunde waren ausgesprochen friedfertig und ließen sich streicheln. Julchen suchte ganz bewußt den Kontakt zu mir, und so führte ich einen Teil des Interviews mit E. K. mit dem Dackel im Arm. Zweimal konnte ich dabei erleben, wie Hunde als „kommunikative Ressourcen" [301] genutzt werden. Als ich G. S. danach fragte, wie die Familie Weihnachten zusammen mit dem Hund gestaltet, sprach ich dabei, ohne es zu wissen, ein für G. S. schmerzliches Thema an: Die älteste von den drei Töchtern, die fast immer den Baum geschmückt hatte, war vor einigen Jahren verstorben und so war dieser Baum für die Familie mit einer traurigen Erinnerung verbunden. Nachdem G. S. das erzählt hatte, wandte sie sich daraufhin an den Hund: „Momo, willst du einen Christbaum, hm? [lacht] Einen Christbaum mit Hundekuchen, das wär was" [302], und konnte so dem

---

[300] *Atteslander 1984, S. 88.*

[301] *Bergmann 1988.*

[302] *Transkriptionszeichen: Die Klammer [ ] enthält Bemerkungen über nonverbale und paraverbale Äußerungen, sowie Pausen oder Erklärungen. Zwischen den Schrägstrichen / / sind Überlappungen angegeben, die meist durch unterstützende Äußerungen wie /ja/ oder /hm/ zustandekamen. Auslassungen sind so gekennzeichnet: (...). Im Interesse der besseren Lesbarkeit wurden die Zitate aus dem Transkript mit Interpunktion versehen. Dialekt wurde weitgehend ins Hochdeutsche übertragen.*

Gespräch wieder eine unverbindlichere Richtung geben. Im zweiten Fall nutzte ich selbst den Hund als „kommunikative Ressource", als bei dem Interview mit E. K. eine Gesprächspause eintrat, die ich überbrücken wollte:

Frage: Und kannst du dich an ein besonders schönes Erlebnis mit deinem Hund erinnern?

Antwort: [überlegt]...also das fällt mir jetzt schwer, einfach weil sie jeden Tag so viel Freude macht oder /ja/ mich immer wieder begeistert, also jetzt fällt mir wirklich also im Moment – morgen könnte ich dir bestimmt was sagen, aber im Moment /ja/ nicht, ne.

Frage: Und ein besonders unangenehmes Erlebnis?

Anwort: Eigentlich auch nicht, ne. [Pause]

Frage: Auch nicht. [Pause, dann zum Hund:] So, bereitest du rundherum Freude, hm?

Daraufhin kam das Gespräch wieder in Fluß, und E. K. erzählte ausführlich die Geschichte, wie Julchen einen Unfall erlitten hatte und welche Sorgen sie und ihr Sohn sich darüber gemacht hatten.

Um die Aussagen nicht zu beeinflussen, wurde den Interviewpartnern die genaue Fragestellung der Arbeit nicht genannt, sie erfuhren lediglich, daß sie von der Beziehung zwischen Mensch und Hund handeln wird.

5.2 Vier Mensch-Hund-Beziehungen

5.2.1 C. B. und ihr Hund Muckl

C. B. ist 26 Jahre alt, Studentin und wohnt seit Beginn ihres Studiums in München. Zuvor lebte sie mit ihren Eltern und ihrer Schwester in einem Eigenheim in einem oberbayrischen Ferienort. Mit neun Jahren wurde C. B. ein langersehnter Wunsch erfüllt, sie bekam ihren Rauhhaardackel Muckl. Der Hund starb im Frühjahr 1994.

Frage: Wie bist Du eigentlich zu dem Hund gekommen?

Antwort: Also ich war elf Jahre alt, als ich den Hund bekommen habe (...) schon seitdem ich drei oder vier, also ganz klein war, wollte ich immer einen Hund. Und ich hab' dann einen Kanarienvogel gekriegt, und dann hab' ich einen Hamster bekommen, und nachdem die dann alle irgendwie ziemlich [lacht] schnell immer gestorben sind, haben meine Eltern – ja haben sie sich irgendwie breitschlagen lassen, daß ich jetzt endlich [unverständlich] und das ging dann auch ziemlich schnell. Wir haben dann einen kleinen jungen Hund nachdem -. [Pause]. Genau. Wir wollten zuerst einen aus dem Tierheim haben, aber in unserm Landkreis gab's dann gerade keine, und dann haben wir uns einen jungen kleinen, ganz frischen Hund gekauft [betont]. Ja da war ich elf.

C. B. war „schon immer fasziniert von Hunden", sammelte Hundepostkarten und verbrachte die Nachmittage damit, zusammen mit ihrer Freundin und deren Hund spazierenzugehen und zu spielen. Diese Freundin und Nachbarskinder, von denen ebenfalls einige einen Hund hatten, gaben wahrscheinlich den Anstoß dazu, daß C. B. einen eigenen Hund wollte: „Das Versorgen und mich drum kümmern. Das ist meins. Das sollte meins sein." Zusammen mit der Freundin und den beiden Hunden spielen zu können, hatte für C. B. eine hohe Bedeutung: „(...) und dann hatten wir zwei Hunde, das war göttlich und da war einfach was los".

Der Name Muckl basierte auf „keiner großartigen Überlegung", wie C. B. erzählt. Nachdem der Hund ins Haus gekommen war, wußten C. B. und ihre Freundin zunächst nicht, wie sie ihn nennen sollten – bis plötzlich eine von ihnen, durch die Pumuckl-Schallplatten im Wohnzimmerregal, auf den Namen Muckl gebracht wurde.

Im Vordergrund von C. B.s Erzählung stehen die verschiedenen Aktivitäten und auch die Streiche des Hundes, die Stoff für einige Anekdoten lieferten.

> „(...) und einmal hat er sich an Ostern, eine kleine Anekdote, an Ostern vom Tisch die ganzen Osternester mit den ganzen Schokoladeneiern geklaut. Fein säuberlich ausgepackt und gegessen [lacht]. Da waren wir nicht zu Hause. Das hat er, das hat er geklaut, ja. Das hat er öfter gemacht, also sich was von Tisch geklaut, und das war halt das Härteste, irgendwie. Wirklich alle Osternester. Da waren noch die von meinen Cousinen mit dabei [lachen], da ist ja immer gewaltig was drin."

Um die Erziehung des Hundes hatten C. B. und ihre Familie sich nicht gekümmert, „der hat gemacht, was er wollte". Bis auf die Tatsache, daß der Hund bei Tisch nicht betteln und sein Häufchen am Wegrand machen sollte, legte die Familie keinen großen Wert auf Gehorsam. Wenn Besuch kam, brachte Muckl Decken oder Bälle an, um zu spielen, was manchmal lästig werden konnte: „(...) irgendwann nach einer Viertelstunde war es denen halt auch zu blöd, bloß unserem Hund noch nicht". In diesen Situationen, so erzählt C. B., bereuten es ihre Eltern zuweilen, den Hund nicht richtig erzogen zu haben.

Die Frage, ob sie Muckl als Freund bezeichnen würde, bestätigt C. B. Der Hund war für sie ein Freund und Spielkamerad, für den sie auch gerne bereit war, Verantwortung zu übernehmen, auch wenn es sie „manchmal genervt hat". Selbst als sie bereits in München lebte, war ihr der Hund noch sehr wichtig.

> „Ja, damals war der richtig mein Freund /mhm/. Als Kind war der, und der war auch, es war auch immer, wenn ich dann nach Haus gekommen bin, als ich in München gewohnt hab', immer so das erste, daß man mit dem Hund, daß man mit dem wieder was gemacht hat /mhm/. Man hat sich auch in seinem Tagesablauf auf den Hund nämlich eingestellt /ja/. Ich muß jetzt nach Hause,

der muß nochmal raus. Und der braucht jetzt sein Fressen, und jetzt kann ich nicht schon wieder weggehen, weil dann der Hund wieder allein wär /mhm/. Also, und auch wenn man sich die Familienfotos anschaut, der ist auf jedem Bild mit drauf /mhm/ [zu Beginn des Interviews hatte C. B. mir auf meinen Wunsch hin Fotos gezeigt]. Also der wurde dann auch immer extra hergeholt /mhm/. Der war total wichtig /ja/. Wenn ich, wenn ich mit meinen Eltern telefoniert hab', hab' ich auch immer gefragt, was der Hund macht, wie's ihm geht."

Am 28. Juli, seinem Geburtstag, und an Weihnachten bekam Muckl jeweils ein Paar Wiener Würstchen. Auch der 4. September, der Tag an dem der Dackel ins Haus kam, wurde mit einem Paar Würstchen gefeiert. An beide Daten kann sich C. B. noch erinnern; das Geburtsdatum des Dackels wußte die Familie aus dem Stammbaum, den man bekommt, wenn man einen Hund vom Züchter kauft.

Der Rauhhaardackel mußte im Mai 1994 vom Tierarzt eingeschläfert werden, denn er hatte, so erklärt sich das C. B., Wasser im Bauch, das dann auf das Herz drückte. Da der Hund die Medikamente nicht vertrug und sich zum Schluß nur noch mühsam aus seinem Körbchen heraus schleppte, entschlossen sich C. B.s Eltern zu diesem Schritt. Offensichtlich fiel ihnen die Entscheidung nicht leicht, denn: „Es war furchtbar. Es war für die ganze Familie furchtbar." C. B. erinnert sich, daß sie als Kind für ihre Hamster- und Vogelgräber kleine Holzkreuze gebastelt hatte. Muckl wurde im Garten begraben; es wurde jedoch „kein Hundegrab angelegt".

Zur Zeit hat C. B. keinen Hund, wahrscheinlich vor allem deshalb, weil ihre Münchner Wohnung relativ klein ist. „Aber ich glaub, ich will irgendwann mal wieder einen."

5.2.2 G. S. und ihr Hund Momo

Die Besitzerin von Momo, G. S., ist 58 Jahre alt und mit einem Architekten verheiratet. Sie ist Hausfrau und lebt mit ihrem Mann und ihrem Hund in einem Eigenheim in Starnberg. Ihre beiden Kinder sind bereits erwachsen und wohnen nicht mehr bei den Eltern.

G. S. hat mit Momo „eine Königin gesucht und einen Schatz gefunden", wie sie gleich zu Beginn des Interviews erzählt. Alaschka, ihre erste Hündin, bezeichnet sie als „Königin", weil sie ein ruhiger distanzierter Hund war. Nachdem Alaschka gestorben war, wollte sie wieder einen ähnlichen Hund, einen „ruhigen Hund für meine alten Tage, weil ich werde ja nicht jünger". Momos Mutter ist eine Dogge, der Vater ein Riesenschnauzer. Momo ist ein großer, schwarzer, kurzhaariger Hund. G. S. suchte sich aus dem Wurf von zwölf Welpen den aus, der am verschlafensten wirkte. Der Hund entpuppte sich jedoch als sehr lebhaft.

„(...) da war dieser, dieser ruhige, sanfte Hund plötzlich ein schwarzer Teufel und ist so hochgesprungen in die Lavendelbüsche rein und hat zu graben angefangen und war also – war ein furchtbarer Teufel [betont]. Es war also die erste Zeit einfach wahnsinnig schwer, weil ich auch noch nie einen kleinen großgezogen hatte. Das war also mein erster [Hund] mit acht Wochen."

Die Anfangsschwierigkeiten sind mittlerweile überwunden. G. S. ist eine sehr engagierte und gut informierte Hundehalterin, die sich sehr viel Mühe mit der Erziehung ihres Hundes gibt. Sie hat etliche Hundebücher gelesen und Vorträge über Hundehaltung besucht. Als Momo noch klein war, ging sie mit dem Hund zum „Welpenspielen" und in eine „Junghunde-Schule". Vor allem in Städten haben junge Hunde relativ selten Gelegenheit, Erfahrungen mit Artgenossen zu sammeln. Durch das Welpenspielen kommen Hunde schon frühzeitig mit anderen Hunden in Kontakt und können so das „richtige" Sozialverhalten erlernen. Späteren Beißereien, die dadurch entstehen, daß ein Hund einen anderen Hund nicht richtig einschätzt, kann dadurch vorgebeugt werden. G. S. unternimmt ausgedehnte Spaziergänge mit Momo und trifft sich regelmäßig mit anderen Hundehaltern in Parks, wo die Hunde miteinander herumtoben können. Kleinere Verletzungen oder Krankheiten von Momo kuriert sie selbst mit Naturheilmitteln.

Auch über den Namen ihres Hundes, der übrigens – wie sie betont – nichts mit der Romanfigur von Michael Ende zu tun hat, hat sich G. S. sehr viel Gedanken gemacht. „Namen sind schon auch etwas sehr, sehr Wichtiges bei Kindern und bei Hunden." Schon bevor der Hund ins Haus kam, wurden mit der Familie viele Möglichkeiten diskutiert – und wieder verworfen, unter anderem „Anima", weil der Hund ein „Seelchen" werden sollte. „Das fanden die anderen aber ein biß'l blöd esoterisch." Schließlich entschied sie sich, mit der Namensgebung noch eine Weile zu warten, bis sie den Hund besser kennengelernt hatte. Als sie den Hund mit dem Auto abholte, hatte G. S. eine Idee:

> „Und dann hieß die plötzlich Momo. Ich saß da und das war so schwarz, das war nur noch Momo. Und dann habe ich gesagt: Jetzt weiß ich, wie sie heißt."

G. S. besaß in ihrer Kindheit Hasen und Katzen, auch ihre Kinder hatten Vögel, Hamster und Meerschweinchen, aber ihr Herzenswunsch war ein großer Hund.

> Frage: Und warum wollten Sie einen großen Hund?
>
> Antwort: Haha, weil ich selber nicht klein bin [lacht]. Nein, das hat schon, eigentlich von Kindesbeinen an, ich habe mir schon vor Schuleintritt, also so mit fünf Jahren, zu Weihnachten, da habe ich noch an den Storch geglaubt, und da habe ich schon Zucker vor's Fenster gelegt und wollte einen Schäferhund. Ich bin im Krieg groß geworden (...), und da war das der Inbegriff, ich wußte nicht, daß es andere Rassen auch noch gibt. Bei uns in der Gegend hat man also nur Schäferhunde gehabt [lachend], wenn sie groß waren /aha/. Und nicht sehr viele, weil im Krieg war das allweil ein Problem mit der Fütterung. Und ich habe mir immer einen Schäferhund – ich

habe keine Geschwister, das war wahrscheinlich auch der Grund, und ich habe mir halt einen Gefährten gewünscht.

In der Nachkriegszeit war nicht genug Geld für einen Hund da, später dann nicht genug Zeit: „(...) mit drei Kindern, da hab' ich keine Zimmerpflanzen und keine Tiere gebraucht", aber als die Kinder größer waren, konnte sich G. S. mit Alaschka endlich ihren Wunsch nach einem Hund erfüllen. Ihre erste Hündin war ein anatolischer Hirtenhund und, wie Momo auch, groß und kurzhaarig. Kurzhaarige Hunde findet G. S. attraktiver als langhaarige, denn sie liebt es, die Mimik und das Muskelspiel unter dem Fell beobachten zu können. G. S. hing sehr an Alaschka, sie betrachtete den Hund jedoch nicht als Kindersatz, sondern eher als Ersatz für ein *kleines* Kind.

„Aber dieses, was ja große Kinder auch nicht mehr haben: Dieses Wesen, das dich so bedingungslos annimmt /ja/ was nur Babys eigentlich haben /genau/. Das war also schon sehr schön, das wußte ich ja noch nicht so (...) das war mein erster Hund."

Alaschka mußte eingeschläfert werden, nachdem sich ein Tumor, den sie bereits einige Zeit gehabt hatte, so verschlimmert hatte, daß der Hund zusehends verfiel. Der Leichnam wurde eingeäschert; G. S. bewahrt die Asche in einer Urne auf.

„(...) Nicht-Tier-, also Nicht-Hundebesitzern *scheint das wahrscheinlich alles zu sentimental*, weil das keiner nachempfinden kann, wenn man nicht selber so was eben erlebt. Aber ich war dann also so wahnsinnig froh, man kann sie ja hier nicht begraben, das darf man ja nicht. (...) Und ich durfte sie dann in die Tierklinik bringen, äh in's Tierheim bringen. Und die äschern dann die Hunde ein /ja, mhm/. Und so hatte ich wenigstens das Gefühl, daß dieser Hund, der mir also so Jahre lang so viel bedeutet hat, auch wenn es jetzt nur die Hülle war, nicht einfach auf einen Karren mit Tierkadavern geschmissen wird. Und irgendwo, ich stell mir vor, das wird halt so, wahrscheinlich wie Hundefleisch, dann zerfetzt und verwertet /ja/. Was daraus gemacht wird, das ist ja alles ganz egal, jedenfalls die Vorstellung hätte ich nicht ausgehalten."

Im Vergleich zu Alaschka, die G. S. als ruhig und zurückhaltend charakterisiert, ist ihr jetziger Hund Momo sensibler, lebhafter und anhänglicher.

„Nachdem die erste gestorben war, nach vierzehn, knapp vierzehn Jahre ist sie geworden, wollte ich natürlich wieder einen möglichst ähnlichen Hund, weil ich halt sehr, sehr traurig war und sehr allein."

Obwohl Momo einen ganz anderen Charakter hat als ihre erste Hündin, hängt G. S. sehr an ihr. Sie hat sich nicht nur damit abgefunden, daß ihr zweiter Hund ein anderes Wesen hat, sondern sie freut sich inzwischen darüber. Ihre Zuneigung zu Momo zeigt sich auch darin, daß G. S. den Geburtstag des Hundes feiert. G. S. hat nur zwei Tage nach Momo Geburtstag und „da feiern wir natürlich zusammen". Momo und G. S. haben das gleiche Sternzeichen, nämlich Krebs: „Vielleicht verstehen wir uns auch deswegen so gut.“ Auch der Tag, an dem sie sich für Momo entschieden hat, und der Tag, an dem Momo ins Haus gekommen ist, wird begangen. Für den Geburtstag, „Kommenstag“ und „Entscheidungstag“ gibt es keinen festgelegten Ablauf, es ist „mehr das dran denken“. Manchmal bekommt Momo eine Wurst, manchmal eine Halskrause aus Wiener Würstchen oder eine rote Schleife von den Kindern. An Weihnachten bekommt auch der Hund ein Paket, in viel Papier eingewickelt, das er nach Herzenslust zerfetzen kann.

> „Ich glaub also, das was uns betrifft, sie ist dann –, war dann einfach das *vierte Kind* /ja/. Da ist *nochmal ein Kind*, das ist zwar ein biß'l anders, aber das kriegt auch ein Geschenk, und das ist halt auch dabei.“

5.2.3 E. K. und ihr Hund Julchen

Die 39jährige Sekretärin E. K. ist geschieden und lebt zusammen mit ihrem 20jährigen Sohn und dem Rauhhaardackel Julchen in einer Drei-Zimmer-Wohnung in München. Der Vermieter ist mit Tierhaltung einverstanden.

Julchen ist bereits der vierte Hund von E. K., die mit Hunden aufgewachsen ist. Ihre Schwester hat in Münster eine kleine Dackelzucht. Nachdem Julchen, ein ausgebildeter Jagdhund, der auch an Ausstellungen teilnahm, drei Kaiserschnitte hinter sich hatte, ließ die Schwester die Hündin sterilisieren.

> „Sie hatte einfach Schwierigkeiten, sie hat drei Kaiserschnitte hinter sich. Also bei der ersten Geburt wäre es nicht unbedingt notwendig gewesen, aber da lag ein Welpe quer, da war dann nach einer bestimmten Zeit nichts mehr zu machen. Und bei dem zweiten war's also auch ganz kompliziert, diese Geburt und beim dritten Versuch – ich fand schon den dritten Versuch eigentlich von meiner Schwester unverantwortlich, das muß ich schon sagen – aber da ist dann nochmal eine Tochter rausgekommen, Clementine, die also mit Jule –. Ja, die beiden sitzen zusammen, und man kann fast nicht erkennen, wer es ist, das hat sich also einfach gelohnt [schnell gesprochen]. Aber Julchen hat diese Kaiserschnitte eigentlich immer recht gut überstanden, nach zwei Tagen war die wieder fit.“

Da E. K. schon immer einen Hund wollte, und Julchen nun für die Zucht keine Verwendung mehr fand, beschlossen die Schwestern, daß E. K. die Hündin bekommen sollte. Warum ihre Schwester der Hündin den Namen Julchen gegeben hatte, kann E. K. sich nicht genau erklären: „(...) da war sie halt so'n bißchen trottelig, und das war das Julchen.“

Das Motiv, einen Hund zu halten, begründet E. K. damit, daß sie schon in der Kindheit immer Kontakt zu Hunden hatte.

Frage: (...) warum wolltest du einen Hund?

Antwort: Äääh, ja, nenne es Gewohnheit oder – . Ich bin mit Tieren aufgewachsen, mit einem Hund aufgewachsen auch, ich hatte auch hier schon zwei Stück und ähm, beziehungsweise einen haben wir mit hergebracht, und den anderen haben [wir] dann, nachdem der erste eingegangen ist, uns wieder geholt. Es ist einfach so, daß [Pause] ich finde ein Hund gehört zu uns [betont], zur Familie, als Ansprache vielleicht auch [lacht]. Einfach so, als *Familienmitglied*, also ich seh's schon auch so /ja/. Als Familienmitglied.

Ihr Alltagsleben hat E. K. weitgehend auf den Hund abgestimmt, der Tagesablauf des Hundes ist „gleichzeitig ihr eigener". Tagsüber nimmt E. K. Julchen mit ins Büro, wo diese die meiste Zeit in ihrer Kiste schläft. Für die Kollegen scheint der Hund eine willkommene Abwechslung im Arbeitsalltag zu sein, denn sie kommen des öfteren vorbei, um nach Julchen zu sehen. Wenn E. K. mit Julchen morgens mit der U-Bahn zur Arbeit fährt, kommt sie fast immer mit anderen Fahrgästen ins Gespräch. Julchen „begrüßt" die Leute auf dem Bahnsteig und in der U-Bahn mit Schwanzwedeln oder läuft auf sie zu. Die Reaktionen darauf beschreibt E. K. durchweg als positiv. Zum Tagesablauf gehören auch regelmäßige Spaziergänge, was E. K. bei schlechtem Wetter manchmal schwerfällt, aber „das ist einfach die Verantwortung, die man trägt". Seit E. K. den Hund hat, hat sie ihre Kleidung umgestellt. Im Gegensatz zu früher trägt sie jetzt mehr dunkle, pflegeleichte Sachen, auf denen man Schmutz und Hundehaare nicht so deutlich sieht.

Der Geburtstag von Julchen wird nicht gefeiert; Weihnachten ist jedoch auch für Julchen ein besonderer Anlaß. Dieses Fest feiern E. K. und ihr Sohn zusammen mit den Verwandten und den Hunden. Die Hunde bekommen Würstchen und Pakete mit Spielzeugtierchen, Knochen oder Hundefutter.

Frage: Bekommt der Hund etwas Besonderes an Weihnachten?

Antwort: Aber natürlich /ja/, natürlich [betont]. Julchen bekommt dann ein Heißwürstchen. /Ein was?/ Ein Heißwürstchen, eine Wurst, so 'ne Bockwurst oder so /ja/ . Das kriegen aber dann alle Hunde. Das hat Tradition.

Frage: Bist du Weihnachten bei deiner Familie?

Antwort: Ja, genau.

Frage: Und da kriegen dann alle Hunde, die da sind –

Antwort: – kriegen ein Würstchen.

Frage: Bekommen die auch Pakete?

Antwort: Natürlich, zum Teil – wir sind alle ein bißchen *bekloppt* mit denen, ja. Oder *verrückt* mit denen, ja natürlich.

Einen wichtigen Stellenwert hat für E. K. und auch für ihren Sohn B. die Rolle von Julchen als „Zuhörer", was mehrmals im Interview zur Sprache kam. Bereits in ihrer Kindheit hatte E. K. ihre Sorgen und Nöte ihrem Hund anvertraut:

„Wenn ich mich zurückerinnere an meine Kindheit und an Situationen, in denen ich sehr traurig war, ich mit meinen Eltern nicht reden konnte oder meine Eltern mich bestraft haben oder mit meiner Schwester nicht reden konnte, war auf jeden Fall der Hund immer da, mit dem ich reden konnte und dem ich alles erzählen konnte. Er hat mir zugehört, hat nichts dazu gesagt, aber hat mir irgendwo zugestimmt /mhm/ nach meiner Auffassung.

Und ich hab's auch festgestellt bei meinem Sohn, daß er sich also ab und zu den Hund genommen hat, ihn mitgenommen hat in sein Zimmer, die Tür zugemacht hat und ihm stundenlang seine ganzen Probleme oder – doch eine ganze Zeit erzählt hat und daß es ihm anschließend bedeutend besser ging damit. Mit seinen Problemen oder mit der Not, die er in dem Moment empfunden hat. Ob jetzt kindliche Not? Also ich denke mal einfach so diese Alltäglichkeiten, die auch ein Kind einem Tier erzählen kann, und das zuhört und das also auch einfach ja, Zuneigung zeigt, ich denke, das ist auch eine ganz wichtige Sache und vor allen Dingen auch die Berührung. /ja/ Die Wärme, dieses, ja, das streicheln können, einfach den Kontakt, Körperkontakt – sowohl Tier und Kind."

Im Vergleich zu ihrer Arbeit oder anderen Aktivitäten hat der Dackel einen wichtigen Stellenwert im Leben von E. K.: „Also nach meinem Sohn und nach meiner Familie kommt Julchen (...) sie ist wirklich volles Familienmitglied." Die große Bedeutung des Hundes kommt auch in dieser Interviewpassage zum Ausdruck:

Frage: Du würdest dir auch jederzeit wieder einen Hund nehmen?

Antwort: [Pause] Ich weiß nicht was passiert, wenn dieser Hund irgendwann *heimgeht*. Das war also wirklich bis jetzt das Nonplusultra in Bezug auf Hund, was ich erlebt habe und – ja mit dem ich zusammengelebt hab' oder wir zusammengelebt haben, das war also schon, ich weiß nicht, was danach kommen würde /Ja/. Davor habe ich Angst [Pause, Unterbrechung durch das Telefon].

5.2.4 H. S. und sein Hund Bärli

Der Journalist und Autor H. S. ist 59 Jahre alt, verheiratet und hat zwei erwachsene Söhne. Er wohnt in einem kleinen Dorf im Voralpenland und arbeitet in München. Der Anstoß, diesen Hundebesitzer zu interviewen, kam durch eine Todesanzeige, die er beim Tod seines Hundes Bärli verschickt hatte. Ein Kollege von H. S., der mir bei der Suche nach Interviewpartnern behilflich war, hatte mir eine Kopie der Todesanzeige mitgebracht. Bei Bärli handelte es sich um einen Entlebucher Sennenhund, das ist eine mittelgroße Hunderasse aus der Schweiz. Entlebucher Sennenhunde sind dreifarbig, d. h. schwarz, weiß und braun. H. S., der zehn Jahre in der Schweiz gelebt hatte und sehr beeindruckt war von der Gelehrigkeit und Intelligenz der Schweizer Hunde, hatte vor allem einen geeigneten Begleithund für seine Berg- und Skitouren gesucht.

> „Das hat sich eben dadurch ergeben, daß ich viel gehe und laufe und der Hund das ideale Tier ist. Ich kann also da keine Katze mitlaufen lassen oder keinen Goldfisch oder auch kein Pferd oder keine Kuh. Ich hab' natürlich auch, als Bauernsohn habe ich auch Kühe geliebt oder die Kälber vor allem, Schafe hab' ich gern gehabt auch. Aber das waren mir eher Tiere, die ich – wie soll ich sagen? – die hab' ich bei weitem nicht so ernst genommen wie einen Hund, sondern die waren für mich einfach als Gegenstände da, aber –. Nicht als Gegenstände, ich hab' sie schon sehr gern gehabt und war nie in der Lage, also zuzuschauen, wenn eine Kuh zum Metzger mußte oder ein Schaf fort mußte. Es war immer ein Abschied."

Seinen Hang zu Hunden erklärt H. S. sich dadurch, daß er in einer sehr tierlieben Familie aufgewachsen ist, zu der auch immer ein Hund gehört hatte.

> „(...) der Hund war immer ein *Teil der Familie* und wurde nicht schlechter behandelt. Ganz im Gegenteil, es war viel schlimmer, wenn man den Hund schlecht behandelt hätte, als wenn man gegen eines seiner Geschwister [lachend] kämpferisch vorgegangen ist."

H. S. hatte den Hund bei einer Züchterin gekauft. 95 Prozent aller Entlebucher Sennenhunde sind kurzhaarig, bei diesen Hunden wird der Schwanz kupiert. Bei den anderen fünf Prozent, die langhaarig sind, wird der Schwanz in seiner natürlichen Form belassen. Durch ein Versehen war auch dem langhaarigen Bärli der Schwanz kupiert worden. Dadurch erhielt H. S. beim Kauf des Hundes einen Preisnachlaß: Anstelle von 1000 DM, was diese Hunde normalerweise kosten, wurde ihm nur die Hälfte berechnet.

Als der Hund ins Haus kam, war er sechs Wochen alt und sah aus wie ein „rundes nettes Wollbündel". Weil der Hund einem der Teddybären seiner Kinder damals so ähnlich sah, wurde er „Bärli" genannt.

H. S. betont in seinen Erzählungen immer wieder die Treue und Verläßlichkeit des Hundes. Einmal hatte er mit Bärli zusammen an einem Lawinenkurs teilgenommen, wo Hundebesitzer in den Schnee eingegraben werden, um sich dann von ihren Hunden suchen lassen. Daß der Hund ihn sofort gefunden hat, hat ihn besonders gefreut. Auf die Frage, ob er den Hund als seinen Freund bezeichnen würde, antwortet er:

> „Ja, mehr als ein Freund. Kann man sagen, das ist ein Teil von mir selbst, ein sehr schönes, und ich hab' ihn ja so erzogen, und er hat diese Erziehung ja auch so angenommen, kann man sagen. Der Hund war also mehr als ein Freund."

Die Erziehung des Hundes hat für H. S. einen hohen Stellenwert, denn „wenn du nur gut zu ihm bist, dann spielt er mit dir Fußball". H. S. verbrachte auch viel Zeit damit, dem Hund Kunststücke beizubringen und mit ihm zu spielen. Die Söhne von H. S. liebten es zum Beispiel, sich auf Rollschuhen von dem Hund über die Straße ziehen zu lassen. Das Ziehenkönnen scheint ein typische Fähigkeit mancher Schweizer Hunderassen zu sein. H. S. erinnert sich daran, wie noch Anfang der sechziger Jahre in bestimmten Regionen der Schweiz Hunde ganz alleine die Karren mit den Milchflaschen zur Molkerei zogen. Während H. S. das erzählt, fällt ihm dazu noch eine Episode ein.

> „Der Hund, wenn der wußte, man will von ihm, daß er zieht, ist er wie ein Irrer losgerannt. Und sie haben das folgendermaßen gemacht, haben ihm also ein, er hatte ja nicht nur ein Halsband, sondern auch ein Geschirr. Äh –, das war ja auch lustig: Wir hatten ein Halsband aus Metall, (...) das so Krallen hat, was da so nach innen geht und würgt [lacht]. Das haben wir umgedreht, daß es nach außen geht. Und wenn er durch die Menschen gerannt ist – was er ja brutal gemacht hat, einfach durch die Füße – dann [lacht] haben die Damen alle ihre Strümpfe verloren, weil das Eisen an ihren Beinen entlanggewetzt ist und da Striche gezogen hat. Und dem Bärli, dem war das völlig wurscht."

Zu den insgesamt 18 Kunststücken, die H. S. dem Hund beigebracht hatte, gehörte auch das Bellen auf Anweisung: „Das heißt, daß ich dann: Mach Wuff! [lacht]. Ist heut' noch in meinem Freundeskreis eine übliche Begrüßung: Mach Wuff!" Tagsüber, während H. S. in München arbeitete, unternahm der Hund oft ausgedehnte Spaziergänge im Dorf. Eine feste Gewohnheit war das Begrüßungsritual, das sich zwischen H. S. und seinem Hund abspielte, wenn der Journalist nach Hause kam. H. S. fuhr mit dem Auto vor, hupte, und der Hund kam bellend herbeigelaufen. Daraufhin öffnete H. S. abwechselnd die Fahrer- und die Beifahrertür, woraufhin der Hund jedesmal erwartungsvoll um das Auto herumsprang, bis sein „Herrchen" endlich ausstieg. Auf seine Bergbesteigungen, Rad- und Skitouren nahm H. S. den Hund immer mit. Auch auf Vortragsreisen (H. S. hält Diavorträge über seine Bergtouren) war der Hund immer dabei. Der Geburtstag von Bärli wurde „hin und wieder" gefeiert, an Weihnachten bekam der Hund immer etwas Besonderes, z. B. eine Wurst.

Bärli mußte im Alter von zehn Jahren eingeschläfert werden, da er unheilbar an Krebs erkrankt war. Der Leichnam des Hundes wurde durch die Tierklinik entsorgt, wo Bärli zuletzt behandelt worden war. H. S., der von dem Tod des Hundes „sehr stark betroffen war"; er vergleicht das mit dem Tod „eines jeden Menschen, der einem nahesteht“, hat daraufhin eine Todesanzeige an seine Freunde verschickt.

> „Es gab also eine Menge von Menschen, die den Hund kannten und ihn kennen mußten, denn ich war einfach ohne Hund nicht denkbar. Es gab nie eine Einladung, die hieß: gilt nur für dich und nicht für den Hund. Und der Hund war eben immer dabei, und viele haben ja auch dann mit dem Hund Freundschaft geschlossen (...). Da habe ich gesagt: wieso nicht? *Ich hab' diese Todesanzeige natürlich schon unterschieden in der Form von normalen solchen Anzeigen,* aber im Inhalt war sie eigentlich, wie wenn ein geliebter, nahestehender Mensch geht.“

Bärli

1981 bis 1992

Mein Freund und Gefährte vieler Tourentage ist nicht mehr.

Unser Haus ist leer, wir vermissen ihn zu jeder Stunde.

Er verkörperte alle guten Eigenschaften eines Hundes, er war treu, wachsam, friedlich, gerecht, stark, fröhlich, spiel- und lernfreudig - und er war zu jeder Sekunde bereit, mit seinem Herrn aufzubrechen, irgendwohin

Ich habe einen Freund verloren.

Im Buch "Ein Tag in den Bergen" habe ich ihm ein Kapitel gewidmet.

Bärli, Du hast mir zehn Jahre lang nur Freude bereitet, wir wurden ein Gespann, das sich wortlos und in allen Situationen verstanden hat. Wir waren zu allen Zeiten unterwegs, in Fels, Eis und Schnee, auf niederen und hohen Bergen. Du warst ein schöner stolzer Hund mit einer kräftigen sonoren Stimme, die mich jeden Tag begrüsst hat wennich heimkam. Diese lebhafte, oft begeisterte Begrüssung wird mir am meisten fehlen. Bärli, ich werde mich erinnern.

Todesanzeige von H. S. für den Hund Bärli (Originalformat DIN A4)

Negative Reaktionen bekam H. S. auf die Todesanzeige nicht zu spüren. Die Empfänger der Anzeige, darunter einige Hundebesitzer, hatten „volles Verständnis für eine solche, etwas außergewöhnliche Handlung“. Ein Arbeitskollege von H. S., der von dem Interview und der Todesanzeige erfahren hatte, erzählte mir jedoch, daß er es „völlig verrückt“ fände, für einen Hund eine Todesanzeige zu verschicken.

H. S. plant, sich wieder einen Hund anzuschaffen.

5.3 Auswertung und Interpretation

5.3.1 Zeitliche, räumliche und soziale Aspekte des täglichen Umgangs

Für alle vier Hundehalter nimmt der Hund einen wichtigen Platz im Leben ein. Der große Stellenwert des Hundes zeigt sich u. a. daran, daß alle Befragten Fotos ihrer Hunde besitzen. Alle vier Befragten sind bzw. waren die Hauptbezugsperson für ihren Hund, d. h. sie tragen bzw. trugen die Verantwortung für ihn. Auch die anderen Familienmitglieder sind Hunden gegenüber positiv eingestellt.

Die Befragten versuchen, so viel Zeit wie möglich mit ihrem Hund zu verbringen. E. K. nimmt ihren Dackel mit ins Büro; der Hund wird somit vollständig in den Tagesablauf integriert. Bärli durfte H. S. nicht nur bei seinen Freizeitaktivitäten, sondern auch auf seinen Vortragsreisen begleiten. Auch C. B. verbrachte nach der Schule die meiste Zeit mit ihrem Hund. Wer einen Hund hat, muß regelmäßig mit ihm spazierengehen, denn Hunde haben ein großes Bedürfnis nach Bewegung. Hier zeigen sich gewisse Stadt-Land-Unterschiede: H. S. brauchte seinen Entlebucher Sennenhund nicht auszuführen, denn dieser konnte sich in dem kleinen Dorf frei bewegen. E. K. und G. S. räumten ein, daß es bei schlechtem Wetter durchaus Überwindung kostet, sich mit dem Hund hinauszuwagen. Beide Frauen betonten jedoch auch den Vorteil, durch den Hund regelmäßig an die frische Luft zu kommen. Seit sie den Hund hat, so erzählt G. S., erlebe sie die Natur und die Jahreszeiten viel intensiver als früher.

Sowohl G. S. als auch E. K. meinten, als Hundehalter müsse man eine gewisse Unordnung in Kauf nehmen. Beide Wohnungen wirkten auf mich jedoch sauber und ordentlich. Ohne die Hunde, ihre Körbchen und die Leine, die bei G. S. im Flur hing, hätte man nicht ohne weiteres bemerkt, daß hier ein Hund lebt. Bei E. K. mag das auch daran liegen, daß alles Hundespielzeug weggeräumt worden war, da Julchen vor kurzen einen Unfall erlitten hatte. Der Hund sollte sich schonen und durfte eine Weile nicht spielen.

Julchen darf sich überall in der Drei-Zimmer-Wohnung von E. K. aufhalten. Auch für Bärli war keiner der Räume tabu. Sowohl E. K. als auch H. S. nehmen bzw. nahmen ihren Hund mit ins Bett. Beiden Hunden wurden so gut wie keine räumliche Grenzen gesetzt. Anders verhält sich die Situation bei G. S. und Momo. Als Momo noch nicht stubenrein war, beschränkte sich ihr Aufenthalt im Haus weitgehend auf Küche und Flur. Nachts schlief sie in einem ehemaligen Kinderzimmer, G. S. daneben in einem alten Kinderbett. „Ich habe gelesen, daß kleine Hunde das brauchen, und das war mir auch sehr wichtig, daß sie einen guten Einstand hat und zu uns Vertrauen gewinnt." Momo wollte damals immer zu G. S. ins Bett. G. S. verhinderte das, weil sie nicht wußte, wie groß der Hund wird: „Ich will nicht eine Dogge auf der Brust haben, dann jeden Morgen." Inzwischen bedauert sie, daß sie den Hund nicht ins Bett gelassen hat, denn sie glaubt, der junge Hund hätte damals doch mehr Wärme und Zuwendung gebraucht. Heute, so erzählt G. S. lachend, geht Momo morgens zu allen ins Bett (die Kinder übernachten ab und zu noch im Elternhaus), nur zu ihr nicht. Ursprünglich war Momo tagsüber nur das Parterre zugedacht, nachts sollte sie im ersten Stock schlafen. Da Momo ein sehr anhänglicher Hund ist, der ständig die Nähe von Menschen sucht, folgt er ihnen überall hin. Inzwischen ist nur der Keller für den Hund verboten.

Bis auf E. K. haben alle befragten Hundebesitzer einen Garten, der auch dem Hund zugänglich ist. Muckl, der Hund von C. B., liebte es, Knochen und auch T-Shirts, deren er habhaft wurde, im Garten zu verbuddeln. C. B.s Eltern legten keinen Wert auf einen säuberlich angelegten Garten. Im Haus war die Bewegungsfreiheit des Hundes eingeschränkt, Sessel waren für Muckl „als dreckiges Tierchen" tabu. Der Hund hielt sich vorwiegend im Parterre auf, und das hatte einen besonderen Grund. Für Dackel ist Treppensteigen gefährlich, denn es besteht für sie das Risiko, daß sie ihren langen Rücken überanstrengen und daraufhin an Dackellähmung erkranken. Um das zu verhindern, brachte der Vater von C. B. an der Treppe zum ersten Stock ein Brett an: „Man mußte dann immer über so ein Holzbrett steigen, bei uns."

Mit Ausnahme der Mahlzeiten sind bzw. waren alle vier Hunde räumlich und zeitlich nahezu vollständig in die menschliche Gemeinschaft integriert. Ebenso wie die Menschen haben auch die Hunde ihre Lieblingsplätze im Haus oder im Garten. Muckl z. B. verkroch sich gerne unter dem Kachelofen, Bärli saß gerne auf der Terrasse und beobachtete seine Umgebung. Die Lebensumstände der Haushunde Muckl, Momo, Julchen und Bärli unterscheiden sich in dieser Hinsicht gewaltig vom Leben eines Wachhundes z. B., der die meiste Zeit draußen an seiner Hundehütte angekettet verbringt.

Die Integration des Hundes in das Familienleben wirkt sich auf die Organisation des Haushaltes aus. Küche und Vorratskammer enthalten nicht nur Nahrungsmittel für die menschlichen Familienmitglieder, sondern auch Hundefutter. Tennisbälle, Decken und ausrangierte Handtücher werden zum Hundespielzeug umgenutzt. Gekauftes Spielzeug gab es bei diesen Hundehaltern wenig. E. K. paßte sich in ihrer Kleidung, die Familie B. durch Veränderung der Wohnung an das Leben mit einem Hund an. Für sich genommen, mögen all diese Beispiele banal erscheinen. Im Zusammenhang gesehen ergibt sich jedoch, daß Hundehaltung beträchtliche Auswirkungen auf das Alltagsleben hat.

Die Befragten betrachteten die Auswirkungen, die das Zusammenleben mit einem Hund auf das Alltagsleben hat, durchweg als positiv. Die mit der Hundehaltung verbundenen Einschränkungen und Pflichten wurden nicht als Belastung empfunden. Alle vier Hundehalter sehen den Hund als Bereicherung ihres Lebens an. Das mag bei C. B. und G. S. unter anderem daran liegen, daß der Hund die Erfüllung eines lange gehegten Wunsches war. Der Hund wurde in allen Fällen ganz bewußt und überlegt angeschafft, alle Befragten hatten auch schon vorher Erfahrung mit Tieren.

Siegfried Becker und Andreas C. Bimmer bezeichnen die Beziehung zwischen Mensch und Tier als „Sozialbeziehung".[303] Ein Element dieser Sozialbeziehung ist die Kommunikation zwischen Mensch und Hund. E. K. erzählt, daß sowohl sie selbst als auch ihr Sohn dem Hund ihre Probleme anvertrauen und sich anschließend erleichtert fühlen. Auch für H. S. übernahm der Hund zuweilen die Rolle eines „empathischen Zuhörers", dem er über berufliche Ärgernisse berichtete. Die im vierten Kapitel beschriebenen Funktionen des Hundes als Ergänzung zwischenmenschlicher Beziehungen und als Vermittler von Intimität und Konstanz werden durch die Aussagen der Interviewpartner zum größten Teil bestätigt.

Als ihre Kinder gerade eine schwierige Phase durchmachten und G. S. die Kindererziehung und Haushaltsführung als Belastung empfand, war ihr erster Hund Alaschka für sie ein emotionaler Ausgleich und Trost:

> „Und dann kommt jemand und freut sich und schwänzelt und schmust mit dir – und dann war das andere alles nicht mehr so schlimm. Es sind diese, es sind einfach diese Zeichen und dieses so zärtlich sein, was die Kinder ja in einem gewissen Alter gar nicht mehr mögen."

Die soziale Beziehung zwischen Mensch und Hund ist eingebunden in ein Geflecht von zwischenmenschlichen Sozialbeziehungen, auf die Hunde als „soziale Katalysatoren"[304] einen

---

[303] *Becker; Bimmer 1991a.*
[304] *Siehe Anm. 253.*

erheblichen Einfluß haben können. Die Anwesenheit eines Hundes beeinflußt die sozialen Interaktionen innerhalb einer Familie, zwischen Freunden, Bekannten und Arbeitskollegen sowie zwischen völlig Fremden. Am Beispiel von E. K. und ihrer Dackelhündin Julchen wurde deutlich, wie der Hund als „sozialer Katalysator" die Menschen in der U-Bahn dazu bringt, miteinander zu kommunizieren. Auch am Arbeitsplatz erfüllt der Hund diese Funktion, wenn sich E. K.s Kollegen bei ihr nach dem Hund erkundigen.

In Tischordnungen spiegeln sich oft die sozialen Hierarchien einer bestimmten Gruppe wider. Die besten Plätze sind den ranghöchsten Mitgliedern vorbehalten; wer im Rang weiter unten angesiedelt ist, muß mit einem schlechteren Platz vorlieb nehmen. Der Hund als „Familienmitglied", als Partner in einer Sozialbeziehung nimmt jedoch normalerweise überhaupt nicht an den Mahlzeiten der Menschen teil. Während die anderen Familienmitglieder um den Tisch herum sitzen, steht der Freßnapf des Hundes auf dem Boden. Dies dürfte von den meisten Menschen als selbstverständlich empfunden werden. Warum eigentlich? Das Argument „Hygiene" ist nicht schlüssig, denn viele Hundehalter, auch die von mir interviewten, nehmen bzw. nahmen ihren Hund mit ins Bett. Wir essen zwar unsere Hunde nicht, weil sie dem Bereich des Menschlichen zu nahe stehen[305], aber wir essen auch nicht *mit* ihnen, weil sie dem Menschen nicht nahe genug sind. Auch hierdurch wird die Ambivalenz in der Beziehung zwischen Mensch und Hund deutlich.

Wenn Hunde auch nicht *am* Tisch sitzen dürfen, so bekommen sie doch zuweilen etwas *vom* Tisch.

> Frage: Hat der Hund bei Tisch gebettelt?
>
> Antwort: Ja, das war das größte Problem bei uns. Der Hund hat sofort zu betteln angefangen. Betteln kann man nicht sagen, er hat sich hingesetzt und hat was erwartet, gell. (...) Ich hab' ihm selbstverständlich immer was gegeben. Und das wurde dann zum richtigen Krieg bei uns. Also, meine Frau hat eifersüchtig darauf geachtet, daß der Hund nichts kriegt, und ich hab' mit genau dem Grund, weil's mir gerade Spaß machte, mit genau gleich großem Einsatz alles getan, daß der Hund was kriegt. (...) Das war ein Krieg, der hat zehn Jahre lang gedauert und ich – mir wär's eigentlich zu blöd gewesen. Aber weil ich das einfach nicht eingesehen habe, daß der Hund nichts kriegen soll, hab' ich diesen Krieg oder, sagen wir mal, diese gegenseitige, äh, Austricksung, habe ich also da mit Begeisterung mitvollzogen. Und er saß ausschließlich bei mir und wollte was.

Diese Passage aus dem Interview mit H. S. deutet darauf hin, daß hier innerfamiliäre Machtkämpfe über den Hund ausgetragen werden. H. S. benutzt den Hund, um seine Frau zu ärgern.

---

[305] *Siehe Abschnitt 3.1 in dieser Arbeit.*

Ganz „zufällig", so erzählt er, fiel ihm „ein Bissen aus dem Mund", der dann „auf verschlungenen Wegen" zu Bärli gelangte.

C. B., die sich eine Weile nicht gut mit ihrer Schwester verstanden hatte, erzählt, daß sie während dieser Zeit demonstrativ alleine etwas mit dem Rauhhaardackel Muckl unternahm. Die Schwester wurde somit ausgeschlossen. In beiden Fällen, sowohl bei H. S. als auch bei C. B., wurde der Hund zum „Verbündeten" gegen ein anderes Familienmitglied.

Die Episode mit dem Stachelhalsband erscheint dagegen weniger harmlos. Hier benutzt H. S. den Hund ganz gezielt dazu, andere Menschen zu schädigen. Die Frauen, deren Strümpfe der Hund zerissen und deren Beine er verschrammt hat, haben hier keine angemessene Möglichkeit, diese Aggression als solche zu benennen und sich zu wehren, weil sie auf indirektem Wege erfolgte. Schließlich hat der Hund ihnen die Strümpfe zerissen und nicht H. S. – den Hund kann man schlecht dafür verantwortlich machen. Dieses Verhalten ist vergleichbar mit der in Abschnitt 4.2.2 beschriebenen Funktion von Hunden zur Einschüchterung und Bedrohung anderer Menschen. Diese Form der Aggressionsabfuhr ist noch subtiler, weil auch der Hund auf indirektem Wege agierte: Er hat die Frauen nicht direkt angegriffen oder gar gebissen, sondern er ist nur zwischen ihnen durchgelaufen. Wer könnte ihm dafür einen Vorwurf machen?

5.3.2 Spezielle Umgangsformen: Bräuche im Jahres- und Lebenslauf

Alle vier befragten Hundehalter wandten für Menschen bestimmte Bräuche auf die eine oder andere Art auch auf ihren Hund an. So wurden alle Hunde in die Weihnachtsfeierlichkeiten mit einbezogen: Sie bekamen Würstchen oder wie bei G. S. sogar ein eingepacktes Geschenk. Selbst der Adventskalender, der bei Familie S. im Flur hing, enthielt nicht nur Überraschungen für die menschlichen Familienmitglieder, sondern auch kleine Päckchen mit „Leckerlis" für Momo. Der Geburtstag des Hundes hat dagegen einen unterschiedlichen Stellenwert für die Befragten. E. K. feiert den Geburtstag von Julchen überhaupt nicht, bei H. S. ergab sich auf Nachfragen, daß es sich eher um ein „an den Geburtstag denken" als um eine Feier handelte:

> Frage: Hat er [Bärli] dann etwas Besonderes bekommen?
>
> Anwort: Nein, so haben wir das überhaupt nicht betrieben. Das hieß nur, der Bärli hat ja heut Geburtstag. Gell, das war also dann alles. Aber an den großen Festtagen haben wir natürlich –, an Weihnachten hat er schon was Besonderes bekommen, dann.

G. S. und C. B. unterscheiden sich hier von E. K. und H. S. in zweierlei Hinsicht. Für sie ist (bzw. war) nicht nur der Geburtstag des Hundes ein herausragendes Datum, sondern auch der „Kommenstag“, der Tag, an dem der Hund ins Haus kam. Es handelt sich hier zwar nur um ein Paar Würstchen oder ein Darandenken, aber G. S. und C. B. haben hier dennoch einen neuen, eigenen Brauch, ein Familienritual[306], etabliert. Auch die Begrüßungszeremonie zwischen H. S. und seinem Entlebucher Sennenhund kann als Familienritual angesehen werden.

Für Menschen bestimmte Bräuche im Jahreslauf (Schenken, Gedenktage) werden hier in abgewandelter Form auf den Hund übertragen. Selbst in menschliche Glaubensvorstellungen wird der Hund mit einbezogen, wie am Beispiel von G. S. und Momo deutlich wird. G. S. beschäftigt sich mit dem Sternzeichen ihres Hundes! Daß die Astrologie auch auf Hunde angewandt wird, scheint gar nicht so selten zu sein. Christian Kühl, der Verfasser von „Mensch und Hund – Freunde fürs Leben“ widmet ein Kapitel der Bedeutung von Sternbildern für das Zusammenleben mit einem Hund.[307]

Hundegeburtstage und Hundeweihnachten unterscheiden sich aber nicht nur in der *Form* von den Feiern für Menschen. Ein wesentlicher Unterschied ist der *freiwillige Charakter* dieser Handlungen. Ein Mensch z. B., dessen Geburtstag man vergessen hat, ist normalerweise gekränkt. Da ein Hund es gar nicht merkt, wenn man seinen Geburtstag vergißt, ist dieser Brauch nicht mit derselben Verpflichtung verbunden wie beim Menschen. Ähnliches gilt für Weihnachten: Für viele Menschen ist dieser Termin mit Konsumterror, Streß und Verpflichtungen belastet, die einen Hund nicht berühren. Wer seinem Hund eine Weihnachtsfreude macht, tut dies völlig freiwillig.

Dieses Element der Freiwilligkeit kennzeichnet auch die Bestattung von Tieren auf Friedhöfen:

> „Denn der Tierhalter kann selbst wählen, ob er das Tier beerdigen will; freie Wahl besteht auch in der Festlegung der Formel, welche die Beziehungen, die zwischen ihm und dem toten Tier bestanden, am besten wiedergibt, denn man darf nicht vergessen, daß sich das Tier den Gefühlen seines Herrchens niemals widersetzt hat.“ [308]

Während der Interviews hatte es sich herausgestellt, daß nicht nur C. B. und H. S., sondern auch E. K. und G. S. bereits Erfahrungen mit dem Tod eines Hundes gemacht hatten. Für alle

---

[306] *Familienrituale sind „sozio-kulturelle Verhaltensweisen“ die oft nur innerhalb einer bestimmten Familie gelten; vgl. dazu Bimmer 1988, S. 325f.*

[307] *„Hunde unterm guten Stern?“ in: Kühl 1992, S. 77-83.*

[308] *Wolff 1989, S. 250.*

Befragten war dies ein trauriges und belastendes Ereignis, mit dem sie allerdings unterschiedlich umgingen. Der Rauhhaardackel Muckl wurde im Garten vergraben:

> „Das sieht man auch gar nicht mehr, da hat mein Vater im Garten so eine Grube ausgehoben, den Hund reingelegt und die Erde wieder drauf, diese Grasdinger. Und das sieht man alles schon gar nicht mehr. Jetzt schon nicht mehr. [Pause]. Das war auch ziemlich unwichtig."

Einer der früheren Hunde von E. K. mußte aufgrund einer Herzkrankheit eingeschläfert werden. „Als ob ein Familienmitglied einfach aus der Gemeinschaft herausgerissen wird", so empfand E. K. den Tod dieses Hundes, der im Wald vergraben wurde, weil er als Dackel „mit jagdlichen Instinkten" den Wald „unheimlich gemocht" hat. Der Ort, an dem dieser Hund begraben wurde, wurde mit der Vorstellung verknüpft, der Hund hätte das so gewollt. Dadurch erhält das Hundegrab im Wald für E. K. eine symbolhafte Bedeutung, die zur Bewältigung der eigenen Trauer dient.

Während die Hunde von C. B. und E. K. ohne besondere Rituale vergraben wurden, wandten G. S. und H. S. für Menschen bestimmte Trauerrituale auf Hunde an. G. S. besitzt eine Urne mit der Asche ihres ersten Hundes, und H. S. hat beim Tod seines Hundes Bärli eine Todesanzeige verschickt. Die Todesanzeige ist eine *öffentliche* Bekundung der Trauer. Der Schritt, die Todesanzeige genau wie eine Todesanzeige für Menschen zu gestalten, wurde jedoch nicht vollzogen. H. S. unterschied sie formal von „normalen" Todesanzeigen; christliche Symbole oder ein Psalm fehlen hier. Auch auf Tiergräbern fehlen in der Regel Kreuze oder andere christliche Symbole, auf vielen Tierfriedhöfen sind sie sogar verboten.[309] Hierin besteht ein wichtiger Unterschied zum Umgang mit dem Tod von Menschen.

Wenn G. S. bei ihrer Schilderung zum Tod von Alaschka anmerkt, daß man ihre Gefühle für sentimental halten könnte, so zeigt das, daß sie sich durchaus darüber Gedanken macht, wie andere (z. B. die Interviewerin) ihr Verhalten einschätzen. Sie scheint sich dessen bewußt zu sein, daß ihre Wertvorstellungen als Hundehalterin nicht unbedingt mit den Werten und Normen der Allgemeinheit übereinstimmen. Auch in der Erzählung von E. K. lassen sich solche Bewertungen finden, wenn sie sich und ihre Familie als „verrückt" und „bekloppt" charakterisiert, weil sie ihren Hunden Weihnachtsgeschenke machen.

---

[309] *So z. B. auf französischen Tierfriedhöfen, vgl. Wolff 1989, S. 244.*

5.4 Die Wahrnehmungsmuster von vier Hundehaltern

Auf welche Wahrnehmungsmuster lassen sich nun die Umgangsformen dieser vier Hundebesitzer zurückführen?

Beginnen wir mit den Anfängen dieser vier verschiedenen Mensch-Hund-Beziehungen. Drei der Hundehalter haben ihren Hund gekauft, eine Hundebesitzerin hat ihren Hund von ihrer Schwester geschenkt bekommen. Muckl kostete zwischen 300 und 400 DM (an den genauen Preis kann sich C. B. nicht mehr erinnern), Momo war für 300 DM zu haben, und Bärli wechselte für 500 DM den Besitzer. Der Entlebucher Sennenhund Bärli hätte normalerweise 1000 DM gekostet, durch den kupierten Schwanz jedoch war sein Marktwert gemindert, der Käufer H. S. bekam deshalb einen Preisnachlaß von 50 Prozent. G. S., die Besitzerin von Momo, hält nichts davon, daß Hunde verschenkt werden. Für sie hat jedes Tier einen realen Wert, in das der Vorbesitzer für die Aufzucht Geld investiert hat. Je höher der Anschaffungspreis eines Tieres sei, desto geringer sei die Gefahr, daß das Tier an ein Versuchslabor weiterverkauft wird.

Durch den Kauf hat der Hund zunächst einmal den Charakter einer Ware, mit einem festgesetzten Preis. Ist die Ware schadhaft, wie das bei Bärli der Fall war, kann der Käufer mit einem Preisnachlaß rechnen. Auch das Verschenken eines Hundes verleiht dem Tier den Charakter einer Sache. Der Hund wird hier als *Gegenstand* wahrgenommen. Dieses Wahrnehmungsmuster deckt sich mit den Werten und Normen der Gesellschaft, denn es gilt als absolut normal, Hunde zu kaufen.

Wie alle Hunde, die nicht frei herumstreunen, sondern jemandem gehören, hatten auch die vier Hunde der Befragten einen Namen. Daß Hunde Namen haben, gilt in unserer Kultur ebenfalls als selbstverständlich. Wie bereits erörtert, ist dies ein Indiz für eine Wahrnehmung des Hundes als *Person*. Sahlins zufolge kommt Tieren, die Eigennamen haben und deren Fleisch einem Speiseverbot unterliegt, der Status von Subjekten zu.[310] Auch für Lévi-Strauss ist die Tatsache, daß Hunde Namen haben, ein Indiz dafür, daß sie – wenn auch nur am Rande – zur „menschlichen Gemeinschaft" gehören.[311] Drei der Interviewten hatten den Namen für ihren Hund selbst ausgesucht, der Rauhhaardackel von E. K. hatte seinen Namen von der Schwester der Befragten erhalten. Die Verkleinerungsformen verleihen den Namen „Bär*li*", „Muck*l*" und „Jul*chen*" einen kindlichen Charakter. Dies deutet auf eine Wahrnehmung des Hundes als *Kind* hin, zumal diese Namen auch bei den erwachsenen Hunden beibehalten

---

[310] *Vgl. Sahlins 1994, S. 246.*
[311] *Vgl. Lévi-Strauss 1968, S. 238f.*

wurden. Hatten die Hunde durch den Kauf bzw. die Schenkung noch den Status eines Gegenstandes, so erhielten sie durch den Namen den Status einer Person. Der Übergang vom Gegenstand zur Person erfolgt gleich zu Beginn der Beziehung zwischen Mensch und Hund.

Ob der Hund als Person eine eigene *Persönlichkeit* entwickeln kann und darf, hängt von seinem Besitzer ab. Alle Befragten gestanden ihren Hund zwar einen eigenen Charakter und Willen zu, dies allerdings in einem unterschiedlichen Ausmaß. G. S. betont mehrmals im Interview den unterschiedlichen Charakter der beiden Hunde Momo und Alaschka.

> „(...) Sie [Momo] ist eine ganz andere Persönlichkeit, und jetzt haben wir halt so zwei in unserem Kopf – spuken halt so zwei ganz verschiedene Hunde herum. Und ich glaube, wenn man zehn hat, sind es zehn verschiedene."

Auch C. B. berichtet von dem eigensinnigen Wesen ihres Dackels. C. B. und ihre Familie kümmerten sich so gut wie nicht um die Erziehung des Hundes, obwohl der Eigensinn des Hundes manchmal als lästig empfunden wurde.

Ein bestimmtes Maß an Erziehung ist natürlich aus praktischen Gründen erforderlich. Das Zusammenleben mit einem Hund, der nicht stubenrein ist, niemals kommt, wenn man ihn ruft, jeden Jogger angreift und nach dem Besuch schnappt, wäre unerträglich. Wie weit die Dressur geht, bleibt jedoch dem Belieben des einzelnen Besitzers überlassen. Julchen z. B. ist „jagdlich geführt" und hat „sämtliche Gehorsamsprüfungen" abgelegt und Bärli beherrschte H. S. zufolge 18 verschiedene Kunststücke.

Wo hier für den Hund die Grenze zwischen Spiel und Ernst liegt, ist schwer zu erkennen. Nach dem Interview mit E. K. kam auch der Sohn B. ins Zimmer, und wir spielten eine Weile zusammen mit Julchen. Dabei führte B. auch eine Übung vor, die – wie er mir sagte – für einen Hund schwer auszuhalten ist: Er gab Julchen das Kommando stillzuliegen und deckte sie mit einem Handtuch zu. Daraufhin gab Julchen einen tiefen Atemzug von sich, man hörte förmlich, wie sie sich zusammennahm. Nur um der Interviewerin eine Freude zu machen (ich muß zugeben, daß ich diese Übung und das Schnaufen des Hundes selbst lustig fand) wurde hier dem Hund etwas zugemutet, was ihm offensichtlich schwerfiel. Diese kleine Episode ist ein gutes Beispiel für die Kombination von „Herrschaft und Zuneigung", die für Tuan die Beziehung zu einem Haustier kennzeichnet[312], denn E. K. und ihr Sohn lieben ihren Hund „heiß und innig" und sorgen ansonsten vorbildlich für ihn. Der Hund ist hier *Objekt* menschlicher Macht und menschlicher Interessen, seine Persönlichkeit wird geleugnet – zugleich wird er geliebt und als *Familienmitglied* betrachtet.

---

[312] *Tuan 1984.*

Die Geschichte von Julchen liefert dafür noch ein weiteres Beispiel: Die Dackelhündin hatte drei Kaiserschnittgeburten hinter sich, bevor sie endlich sterilisiert wurde. Vermutlich sind diese Geburtskomplikationen auf Überzüchtung zurückzuführen. Hier hatten die Interessen von E. K.s Schwester als Züchterin Vorrang vor dem Wohl des Hundes. E. K. kritisiert zwar das Verhalten ihrer Schwester, sie findet es „unverantwortlich", rechtfertigt es dann aber durch die Geburt der Tochter Clementine und damit, daß Julchen im Endeffekt alles „gut überstanden" habe.

Wenn H. S. seinen Hund als „Teil von sich" bezeichnet, ist das zunächst ein Indiz dafür, daß der Hund nicht als eigenständige Persönlichkeit wahrgenommen wird. H. S. betont jedoch, daß er seinen Hund „nicht als Sklaven" gehalten hat, „er hatte sehr wohl einen eigenen Charakter und eigene Gedanken und einen eigenen Willen." Er brachte seinem Hund sehr viel Zuneigung entgegen, die zum Teil mit einer starken Vermenschlichung des Hundes einhergeht, wie die folgende Interviewpassage zeigt:

> (...) er konnte ja lachen, gell. Er konnte richtig lachen.
>
> Frage: Ach ja, so wie ein Mensch?
>
> Antwort: Ja, ganz normal. Nicht laut, aber er hat sich einfach so bewegt in seiner Freude und hat die Lefzen gehoben und war der ganze Hund ein Bündel Freude.

Die Sorgen, die sich ein Hundebesitzer um seinen kranken oder verletzten Hund macht, sind ein Indiz dafür, daß der Hund *nicht* als bloßer Gegenstand wahrgenommen wird. Das schlimmste Erlebnis mit Julchen ist für E. K. der Unfall, den sie erlitt, als sie bei einem Freund des Sohnes einem Vogel nachjagte. Der Freund, der seinen Vogel retten wollte, packte Julchen so unglücklich, daß der Hund eine Lungenquetschung und Prellungen erlitt. E. K. mußte mit dem Hund in die Tierklinik und erlebte dort „ganz schlimme Stunden", bis sie erfuhr, daß der Hund nicht lebensgefährlich verletzt war. Für H. S. „war das Teuerste noch recht genug", als er seinen Hund nach München in die Tierklinik bringen mußte. Der Hund war ihm beim Skifahren unter die Ski geraten, und dabei wurde dem Tier die Achillessehne abgerissen. Um seinen Hund zu retten, wäre H. S. „auch nach Berlin gefahren".

Natürlich freut sich niemand darüber, wenn ein Gegenstand, z. B. ein Auto, kaputtgeht; die Krankheit oder Verletzung eines Hundes ruft jedoch viel stärkere Gefühle hervor. So sind sehr wahrscheinlich auch die Sorgen, die sich ein Mensch um seinen Hund macht, ein Indiz für eine Wahrnehmung als *Person*, zumindest aber wird der Hund als leidensfähiges Lebewesen gesehen. Dies ist bei Nutztieren nicht immer der Fall.

Der Wahrnehmungsunterschied zwischen Nutztieren und Haustieren wurde von H. S. an einer Stelle im Interview explizit angesprochen: Er bezeichnet Kühe und Kälber zunächst als *Gegenstände*, die er „bei weitem nicht so ernst genommen“ hat wie einen Hund, korrigiert sich dann aber und fügt hinzu, daß er diese Tiere „natürlich auch“ geliebt hat. Diese Aussage macht deutlich, daß das in der Einleitung beschriebene Wahrnehmungsmuster „ Nutztiere sind Gegenstände“ nicht dasselbe ist wie die Gefühle, die ein Individuum für diese Tiere empfinden mag. Löfgren warnt davor, die Komplexität der Mensch-Tier-Beziehung auf ein einfaches Schema reduzieren zu wollen:

> „The pattern does not constitute a neat cultural system. Rather, we shall find that the one and the same individual can think with animals in different and often conflicting ways, using different arguments in different social situations.“ [313]

Im täglichen Zusammenleben versuchen alle vier Hundebesitzer, ihren Hund räumlich, zeitlich und sozial so weit wie möglich in die „menschliche Gemeinschaft“ zu integrieren bzw. ihren eigenen Tagesablauf dem des Hundes anzupassen. Lediglich zu den Mahlzeiten wird der Hund ausgegrenzt, er bekommt allenfalls – wie bei H. S. – einige Bissen ab. Julchen, der Hund von E. K. wird sogar völlig ignoriert, wenn er bei Tisch bettelt.

Am deutlichsten zeigt sich die Anthropomorphisierung des Hundes, wenn für Menschen bestimmte Bräuche oder Glaubensvorstellungen auf das Tier übertragen werden. Hier wird der Hund fast wie ein *Mensch* behandelt und wahrgenommen, obwohl er die Bedeutung dieser Bräuche nicht verstehen kann.

Die vier befragten Hundehalter folgen hier keinem einheitlichen Schema: C. B. beging den Geburtstag ihres Dackels und bezog ihn in die Weihnachtsfeierlichkeiten mit ein. Begraben wurde Muckl jedoch wie ein Tier, d. h. ohne besondere Riten. H. Z. feiert den Geburtstag von Julchen überhaupt nicht, Weihnachten wird mit der ganzen Familie und allen Hunden zusammen gefeiert. Einer ihrer früheren Hunde wurde im Garten vergraben, ein anderer im Wald – dieses Grab ist mit einer besonderen Bedeutung verbunden. Am konsequentesten ist hier das Verhalten von G. S. Sie feiert mit Momo sowohl Geburtstag als auch Weihnachten. Ihr früherer Hund, Alaschka, erhielt eine Urnenbestattung. H. S. feierte mit Bärli Weihnachten und dachte an den Geburtstag seines Hundes, machte davon aber nicht viel Aufhebens. Im Gegensatz dazu dokumentierte er die Trauer über den Tod seines Hundes öffentlich durch eine Todesanzeige.

---

[313] *Löfgren 1985, S. 209*

Der Einbezug des Hundes in die Welt der Menschen durch bestimmte Bräuche hat demnach eine gewisse Beliebigkeit. Diese Beliebigkeit ist m. E. auf den freiwilligen Charakter dieser Handlungen zurückzuführen. Die Wahrnehmung des Hundes als *Person* kommt in der Anwendung von „Menschenbräuchen" zum Ausdruck. Zugleich wird dieses Wahrnehmungsmuster durch die Beliebigkeit der entsprechenden Umgangsformen wieder relativiert. Die Freiheit in der Anwendung und Ausgestaltung dieser Bräuche, sowie die im Interview geäußerten Bewertungen, deuten darauf hin, daß diese Art des Umgangs mit Haustieren in unserer Gesellschaft keine Selbstverständlichkeit ist.

6. Fazit

Tiere sind für viele Menschen nicht nur eine Quelle für Nahrung und Kleidung, sondern zudem ein wesentlicher Bestandteil ihres sozialen Umfeldes. Menschen und Hunde sind Lebewesen, die zu sozialen Bindungen nicht nur fähig, sondern auf sie angewiesen sind. In unserem Land leben über vier Millionen Hunde, von denen die meisten keinem wirtschaftlichen Nutzen dienen. Diese Tatsache blieb – von wenigen Ausnahmen abgesehen – in der Volkskunde lange Zeit unbeachtet. Es waren überwiegend außergewöhnliche Aspekte der Hundehaltung, die auf Interesse stießen, wie etwa die Glaubensvorstellungen, die sich um den Hund ranken. Wahrgenommen wurde die Aura des Ungewöhnlichen, nicht die gewöhnliche Kreatur.

Mensch und Hund gehen eine soziale Beziehung miteinander ein, die – wie alle anderen sozialen Beziehungen auch – kulturell geprägt ist. Hunde gehören in unserer Kultur zu den Haustieren. Haustiere unterscheiden sich von anderen Tieren (z. B. Nutztieren oder Schädlingen) dadurch, daß sie nicht primär als Gegenstände gelten, sondern in vieler Hinsicht wie eine Person wahrgenommen und behandelt werden. In dieser Arbeit wurden Umgangsformen aufgezeigt, die auf eine Wahrnehmung des Hundes als Person hindeuten.

Edmund Leach zufolge kann man das Speiseverbot für Hundefleisch auf den ambivalenten Status des Hundes zurückführen. Als Haustier steht er dem Menschen nahe, ohne ganz Mensch zu sein.[314] Die Art, wie wir unsere Hunde nennen, ist für Lévi-Strauss Ausdruck dafür, daß diese einen „bescheidenen Platz" in der Gemeinschaft der Menschen einnehmen.[315] Sahlins erkannte in dem Speiseverbot für Heimtierfleisch in Verbindung mit Eigennamen eine Wahrnehmung des Hundes als Subjekt.[316] Wiedenmann schließlich führte den Brauch der Tierbestattung auf die „soziale Konstruktion einer Tierperson" [317] zurück. Empirische Befunde, wie z. B. die Umfrage an der Tierklinik in Philadelphia[318] oder die Studie von Norbert Rehm zum Thema „Kind und Hund" [319] zeigen, daß viele Hundehalter ihr Tier als Familienmitglied bzw. als Kind bezeichnen und in mancherlei Hinsicht auch so behandeln.

Hunde werden hier als „der menschlichen Gemeinschaft zugehörig", als „Subjekt", als „Tierperson" oder als „Familienmitglied" beschrieben. Auch die Parallelen im Umgang mit

---

[314] *Vgl. Leach 1972.*
[315] *Lévi-Strauss 1968, S. 238f.*
[316] *Sahlins 1994, S. 242ff.*
[317] *Wiedenmann 1993, hier S. 209.*
[318] *Vgl. Voith 1985.*
[319] *Vgl. Rehm 1993.*

Hunden und Kindern zeigen, daß der Hund eher als Person denn als Gegenstand wahrgenommen wird. Deutlich wird aber auch, daß der Hund nicht als *vollwertige* Person gilt.

Ein ganz eindeutiges Indiz für die Wahrnehmung des Hundes als Gegenstand ist die Tatsache, daß Hunde in unserer Kultur als Ware gehandelt werden. Dies deckt sich mit den Normen unseres Zivilrechtes, in dem Tiere als Sachen gelten.[320] Das Aussetzen von unerwünschten Hunden ist vergleichbar mit dem „wilden" Abladen von Müll, beides ist eine verbotene Form der Entsorgung von Gegenständen, die für den Besitzer wertlos geworden sind. In weniger stark ausgeprägter Form entspricht auch das Abgeben unerwünschter Hunde im Tierheim oder das Weiterverschenken einer Wahrnehmung als Gegenstand.

Typisch für die Beziehung zwischen Mensch und Hund ist eine Kombination aus „Herrschaft und Zuneigung" [321], die ihre Entsprechung in bestimmten materiellen Objekten, wie zum Beispiel Hundeleinen und Hundespielzeug hat. Zucht, Erziehung und körperliche Eingriffe als Ausdruck der Machtverhältnisse dieser Beziehung weisen dem Hund den Status eines Objektes zu.

Als Person, d. h. als ein menschenähnliches Wesen, kann der Hund zu Befriedigung bestimmter Bedürfnisse herangezogen werden. Er kann als Ersatz zwischenmenschlicher Beziehungen dienen (z. B. als Kind-Ersatz) oder diese ergänzen. Das, was dem Hund an menschlichen Eigenschaften fehlt, z. B. Sprache, Kritikfähigkeit, Unabhängigkeit, Fähigkeit zur Weiterentwicklung, kann in dieser Funktion als Vorteil empfunden werden. In seiner Funktion als Statussymbol oder als Ventil für Aggressionen dagegen wird der Hund eher als Objekt wahrgenommen und behandelt. Bedürfnisse werden „von der Kultur definiert, in der wir leben" [322]; wenn Menschen glauben, daß ein Hund der bessere Zuhörer oder das dankbarere Kind ist, so verweist das auf übergeordnete gesellschaftliche und kulturelle Phänomene.

Im empirischen Teil dieser Arbeit wurde untersucht, welche der beschriebenen Umgangsformen, Wahrnehmungsmuster und Bedürfnisse in konkreten Mensch-Hund-Beziehungen realisiert werden. Etliche der in der Literatur vorgefundenen Aspekte fanden sich durch die Interviews mit den vier Hundehaltern bestätigt. Alle Befragten nahmen ihren Hund in erster Linie als „Familienmitglied" wahr, dem sie sehr viel Zuneigung entgegenbrachten. Die Ambivalenz zwischen Herrschaft und Zuneigung prägte auch diese vier Beziehungen. Den einzigen Anhaltspunkt, der *definitiv* für eine Wahrnehmung als Gegenstand spricht, lieferten die

---

[320] *Vgl. dazu v. Loeper; Reyer 1984, S. 206.*
[321] *Tuan 1984.*
[322] *Bringéus 1983, S. 136.*

Umstände des Erwerbs des Hundes. Zuweilen stößt es auf Widerstände in der Gesellschaft, wenn manche Hundehalter ihren Hund auch im Hinblick auf bestimmte Bräuche im Jahres- und Lebenslauf wie eine menschliche Person behandeln. Deutlich wurde das z. B. in dem Kommentar eines Kollegen von H. S., der die Todesanzeige für den Hund Bärli für „verrückt" erklärte.

Über die eingangs genannte Problemstellung hinaus wurden in dieser Arbeit noch weitere kulturwissenschaftlich relevante Aspekte der Hundehaltung angesprochen. Der Besitz eines Hundes beeinflußt verschiedene Bereiche der materiellen Kultur (Nahrung, Kleidung, Wohnen) und wirkt sich auf die kulturellen Dimensionen der *Zeit*, des *Raumes* und der *sozialen Beziehungen*[323] aus.

Mit diesem „Beitrag zur Wahrnehmung eines Lebewesens" ist das Thema „Mensch und Hund" natürlich noch lange nicht ausgeschöpft. So bedarf z. B. die historische Entwicklung der Heimtierhaltung, vor allem in den unteren und mittleren Schichten, noch einer genaueren Erforschung. Auch der Zusammenhang zwischen Hundehaltung und Persönlichkeitsmerkmalen ist noch nicht hinreichend aufgeklärt. Hierzu könnten die Kulturwissenschaften etwa durch die Erforschung der verschiedenen Stereotypvorstellungen, die es über Hundebesitzer gibt, einen Beitrag leisten. Schließlich sollte auch unser Verhältnis zu anderen Tieren genauer untersucht werden.

Dadurch erfahren wir unter Umständen mehr über uns selbst, denn wie Mahatma Gandhi bereits feststellte, läßt sich die Größe einer Nation an ihrem Umgang mit Tieren ermessen.

---

[323] *Zu den kulturellen Dimensionen vgl. Bringéus 1990, S. 83ff.*

Anhang

Primärquellen

Interview mit C. B. am 2. 12. 1994. Tonbandaufzeichnung u. Transkript. München.

Interview mit G. S. am 12. 12. 1994. Tonbandaufzeichnung u. Transkript. Starnberg.

Interview mit E. K. am 15. 12. 1994. Tonbandaufzeichnung u. Transkript. München.

Interview mit H. S. am 20. 12. 1994. Tonbandaufzeichnung u. Transkript. München.

Bayerisches Staatsministerium der Justiz - Pressereferat - (Hg.): Das Haustier und sein Recht. Eine Information aus dem Bayerischen Staatsministerim der Justiz. München 1989.

Deutscher Tierschutzbund e.V. (Hg.): Wir informieren über Qualzüchtungen. Maßgeschneiderte Tierleiden (Informationsbroschüre H 17). Bonn August 1992.

Deutscher Tierschutzbund e.V. (Hg.): Tiere sind keine Konsumgüter – keine Überraschungsgeschenke unterm Weihnachtsbaum (Pressemitteilung). Bonn 12. 12. 1990.

Edition Heimtiere (Hg.): Mein Tier hat's auch im Urlaub gut! (Broschüre der Urlaubsinitiative des Deutschen Tierschutzbundes e.V.). Oldenburg o.J. [1994?].

Schecker Tier & Technik (Hg.): Der stärkste Einkaufsberater der Welt! (Katalog; Konzeption und Gestaltung: Lübben + Partner, Stuhr) Südbrookmerland 1994.

Zentralverband Zoologischer Fachbetriebe e.V.: Der deutsche Heimtiermarkt. Struktur und Umsatzdaten 1993 (Presseinformation aus der Heimtierbranche). Langen o.J. [1994].

Literaturverzeichnis

Atteslander, Peter: Methoden der empirischen Sozialforschung. Berlin u. a. [5]1984.

Avanzin, Anton: Hundemenschen und Hundekönig. In: Österreichische Zeitschrift für Volkskunde 59 (1956), S. 140-144.

Bausinger, Hermann: Die moralischen Tiere. In: Universitas 3 (1990) (Sonderdruck), S. 241-25.

Bausinger, Hermann: Vorläufige Bemerkungen zur Polarisierung des Volkshundes. In: Tübinger Korrespondenzblatt 13 (1974), S. 3-6.

Bausinger, Hermann: Zur Spezifik volkskundlicher Arbeit. In: Zeitschrift für Volkskunde 76 (1980), S. 1-21.

Bausinger, Hermann: Verbürgerlichung – Folgen eines Interpretaments. In: Wiegelmann, Günter (Hg.): Kultureller Wandel im 19. Jahrhundert. Verhandlungen des 18. Deutschen Volkskunde-Kongresses in Trier vom 13. bis 18. Septemer 1971. Göttingen 1973, S. 24-49.

Beck, Alan M.; Katcher, Aaron H. (Hg.): New Perspectives on Our Lives with Companion Animals. Philadelphia 1983.

Becker, Siegfried; Bimmer Andreas C. (Hg.): Mensch und Tier. Kulturwissenschaftliche Aspekte einer Sozialbeziehung (Hessische Blätter für Volks- und Kulturforschung 27). Marburg 1991**a**.

Becker, Siegfried; Bimmer, Andreas C.: Mensch und Tier. Kulturwissenschaftliche Aspekte einer Sozialbeziehung. In: Dies. (Hg.): Mensch und Tier. Kulturwissenschaftliche Aspekte einer Sozialbeziehung (Hessische Blätter für Volks- und Kulturforschung 27). Marburg 1991**b**, S. 7-10.

Bergler, Reinhold: Mensch und Hund. Psychologie einer Beziehung. Köln 1986.

Bergmann, Jörg R.: Haustiere als kommunikative Ressourcen. In: Soeffner, Hans-Georg (Hg.): Kultur und Alltag (Soziale Welt Sonderband 6). Göttingen 1988, S. 299-312.

Bimmer, Andreas C.: Kein Platz für Tiere. In: Becker, Siegfried; Bimmer Andreas C. (Hg.): Mensch und Tier. Kulturwissenschaftliche Aspekte einer Sozialbeziehung (Hessische Blätter für Volks- und Kulturforschung 27). Marburg 1991, S. 195-201.

Bimmer, Andreas C.: Brauchforschung. In: Brednich, Rolf Wilhelm (Hg.): Grundriss [*sic*] der Volkskunde. Einführung in der Forschungsfelder der Europäischen Ethnologie. Berlin 1988, S. 311-328.

Blohm, Anne: Bericht über das Projekt „Tierhaltung in der Marburger Kernstadt“. In: Becker, Siegfried; Bimmer Andreas C. (Hg.): Mensch und Tier. Kulturwissenschaftliche Aspekte einer Sozialbeziehung (Hessische Blätter für Volks- und Kulturforschung 27). Marburg 1991, S. 211-215.

Brackert, Helmut; van Kleffens, Cora: Von Hunden und Menschen. Geschichte einer Lebensgemeinschaft. München 1989.

Brednich, Rolf Wilhelm: Quellen und Methoden. In: Ders. (Hg.): Grundriss [*sic*] der Volkskunde. Einführung in der Forschungsfelder der Europäischen Ethnologie. Berlin 1988, S. 73-93.

Bringéus, Nils-Arvid: Der Mensch als Kulturwesen (Veröffentlichungen zur Volkskunde und Kulturgeschichte 44). Würzburg 1990.

Bringéus, Nils-Arvid: Bedürfniswandel und Sachkultur. In: Köstlin, Konrad; Bausinger, Hermann (Hg.): Umgang mit Sachen. Zur Kulturgeschichte des Dinggebrauchs. 23. Deutscher Volkskunde-Kongreß in Regensburg vom 6.-11. Oktober 1981 (Regensburger Schriften zur Volkskunde 1). Regensburg 1983, S. 135-148.

Brown, Donna: Cultural Attitudes Toward Pets. In: Quackenbush, Jamie; Voith, Victoria (Hg.): Symposium on the Human – Companion Animal Bond (The Veterinary Clinics of North America. Small Animal Practice 15:2). Philadelphia u. a. 1985, S. 311-317.

Buchner, Jutta: „Im Wagen saßen zwei Damen mit einem Bologneserhündchen“. Zur städtischen Hundehaltung in der wilhelminischen Klassengesellschaft um 1900. In: Becker, Siegfried; Bimmer Andreas C. (Hg.): Mensch und Tier. Kulturwissenschaftliche Aspekte einer Sozialbeziehung (Hessische Blätter für Volks- und Kulturforschung 27). Marburg 1991, S. 119-138.

Cain, Ann Ottney: Pets as Family Members. In: Sussman, Marvin B. (Hg.): Pets and the Family (Marriage and Family Review 8:3/4). New York 1985, S. 5-10.

Claessens, Dieter: Enkulturation. In: Endruweit, Günter; Trommsdorff, Gisela (Hg.): Wörterbuch der Soziologie (3 Bde.). Stuttgart 1989, Bd. 1, S. 145-146.

Council for Science and Society (Hg): Companion Animals in Society. Report of a Working Party. Oxford u. a. 1988.

Dekkers, Midas: Geliebtes Tier. Die Geschichte einer innigen Beziehung. München 1994.

Dzierzon, Petra: Zuneigung und Pflege. In: Becker, Siegfried; Bimmer Andreas C. (Hg.): Mensch und Tier. Kulturwissenschaftliche Aspekte einer Sozialbeziehung (Hessische Blätter für Volks- und Kulturforschung 27). Marburg 1991, S. 215-222.

Elias, Norbert: Über den Prozeß der Zivilisation. Soziogenetische und psychogenetische Untersuchungen (2 Bde.). Frankfurt a. M. ^{14}1989.

Fél, Edit; Hofer, Tamás: Bäuerliche Denkweise in Wirtschaft und Haushalt. Eine ethnographische Untersuchung über das ungarische Dorf Átány. Göttingen 1972.

Foote, Nelson N.: A Neglected Member of the Family. In: Marriage and Family Living 18:3 (1956), S. 213-218.

Franke, Klaus: Eine Urfreundschaft mit dem Menschen? Die Deutschen und ihr Hund. In: Ders. (Hg.): Mehr Recht für Tiere. Reinbek 1985, S. 24-44.

Furtmayr-Schuh, Annelies: Wie der Wolf auf den Hund kam. In: Natur 9 (1994), S. 58-71.

Gasser, Christoph: Vogelschutz zwischen Ökonomie und Ökologie. Das Beispiel der Sperlingsverfolgungen (17.-20. Jh.). In: Becker, Siegfried; Bimmer Andreas C. (Hg.): Mensch und Tier. Kulturwissenschaftliche Aspekte einer Sozialbeziehung (Hessische Blätter für Volks- und Kulturforschung 27). Marburg 1991, S. 41-60.

Großklaus, Götz; Oldemeyer, Ernst (Hg.): Natur als Gegenwelt. Beiträge zur Kulturgeschichte der Natur. Karlsruhe 1983.

Güntert: Hund. In: Bächtold-Stäubli, Hanns (Hg.): Handwörterbuch des deutschen Aberglaubens (Bd. 4). Berlin, Leipzig 1931/1932, Sp. 470-490.

Halverson, John: Animal Categories and Terms of Abuse. In: Man N.S. 11 (1976), S. 505-516.

Hartfiel, Günter: Wörterbuch der Soziologie. Stuttgart 1972.

Heim, Albert: Die Hunde im Volksleben. In: Brockmann-Jerosch, H. (Hg.): Schweizer Volksleben (Bd. 2). Erlenbach-Zürich 1931, S. 79-83.

Hills, Adelma M.: The Relationship Between Thing-Person Orientation and the Perception of Animals. In: Anthrozoös 3:2 (1989), S. 100-110.

Honko, Lauri: Funktionalismus. In: Brednich, Rolf Wilhelm u. a. (Hg.): Enzyklopädie des Märchens. Handwörterbuch zur historischen und vergleichenden Erzählforschung (Bd. 5). Berlin, New York 1987, Sp. 560-568.

Hopf, Christel: Die Pseudo-Exploration – Überlegungen zur Technik qualitativer Interviews in der Sozialforschung. In: Zeitschrift für Soziologie 7:2 (1978), S. 97-115.

Hopf, Christel: Qualitative Interviews in der Sozialforschung. Ein Überblick. In: Flick, Uwe u. a. (Hg.): Handbuch qualitative Sozialforschung. Grundlagen, Konzepte, Methoden und Anwendungen. München 1991, S. 177-182.

Jeggle, Utz: Vom Nutzen der Hunde. In: Tübinger Korrespondenzblatt 13 (1974), S. 11-15.

Jeggle, Utz: Vom Umgang mit Sachen. In: Köstlin, Konrad; Bausinger, Hermann (Hg.): Umgang mit Sachen. Zur Kulturgeschichte des Dinggebrauchs. 23. Deutscher Volkskunde-Kongreß in Regensburg vom 6.-11. Oktober 1981 (Regensburger Schriften zur Volkskunde 1). Regensburg 1983, S. 11-25.

Kaiser, Hermann: Ein Hundeleben. Von Bauernhunden und Karrenkötern. Zur Alltagsgeschichte einer geliebten und geschundenen Kreatur (Materialien zur Volkskultur nordwestliches Niedersachsen 19). Cloppenburg 1994 (2. erw. Ausg.).

Katcher, Aaron H.: Man and the Living Environment: An Excursion into Cyclical Time. In: Beck, Alan M.; Katcher, Aaron H. (Hg.): New Perspectives on Our Lives with Companion Animals. Philadelphia 1983, S. 517-531.

Kellert, Stephen R.; Felthous, Alan R.: Tierquälerei im Kindesalter bei Kriminellen und Nichtkriminellen. In: IEMT – Institut für interdisziplinäre Erforschung der Mensch-Tier-Beziehung (Hg.): Die Mensch-Tier-Beziehung. Internationales Symposium aus Anlaß des 80. Geburtstages von Nobelpreisträger Prof. DDr. Konrad Lorenz. 27. und 28. Oktober 1983 Wien, Österreich. Dokumentation. Wien 1985, S. 76-88.

Klintberg, Bengt af (Hg.): Die Ratte in der Pizza und andere moderne Sagen und Großstadtmythen. Kiel 1990.

Kretzenbacher, Leopold: „Vieräugel". Kleine Mythologie eines steirischen Hundenamens. In: Blätter für Heimatkunde 34 (1960), S. 2-11.

Kühl, Christian: Mensch und Hund – Freunde fürs Leben. Von der richtigen Beziehung zwischen Zwei- und Vierbeinern. Genf u. München ^{2}1992.

Leach, Edmund: Anthropologische Aspekte der Sprache: Tierkategorien und Schimpfwörter. In: Lenneberg, Eric H. (Hg.): Neue Perspektiven in der Erforschung der Sprache. Frankfurt 1972 (engl. Original 1964), S. 32-73.

Lévi-Strauss, Claude: Das wilde Denken. Frankfurt 1968.

Levinson, Boris M.: The Future of Research into Relationships Between People and Their Animal Companions. In: Beck, Alan M.; Katcher, Aaron H. (Hg.): New Perspectives on Our Lives with Companion Animals. Philadelphia 1983, S. 536-550.

Liberman, Anatoly: Linguistic Aspects of Anthropology. In: Anthrozoös 3:4 (1990), S. 214-217.

Lindner, Rolf: Ohne Gewähr. Zur Kulturanalyse des Informanten. In: Jeggle, Utz (Hg.): Feldforschung. Qualitative Methoden in der Kulturanalyse. Tübingen 1984, S. 59-71.

Lockwood, Randall: The Role of Animals in Our Perception of People. In: Quackenbush, Jamie; Voith, Victoria (Hg.): Symposium on the Human – Companion Animal Bond (The Veterinary Clinics of North America. Small Animal Practice 15:2). Philadelphia u. a. 1985, S. 377-385.

Loeper, v. Eisenhart; Reyer, Wasmut: Das Tier und sein rechtlicher Status. Zur Weiterentwicklung von Transparenz und Konsequenz des Tierschutzrechts. In: Zeitschrift für Rechtspolitik 17:8 (1984), S. 205-212.

Löfgren, Orvar: On the Anatomy of Culture. In: Ethnologia Europaea 12 (1981**a**), S. 26-46.

Löfgren, Orvar: Natur, Tiere und Moral. Zur Entwicklung der bürgerlichen Naturauffassung. In: Jeggle, Utz u. a. (Hg.): Volkskultur in der Moderne. Probleme und Perspektiven empirischer Kulturforschung. Reinbek 1986, S. 122-144.

Löfgren, Orvar: Our Friends in Nature: Class and Animal Symbolism. In: Ethnos 50:3-4 (1985), S. 184-213.

Löfgren, Orvar: World-Views: A Research Perspektive. In: Ethnologia Scandinavica 1981**b**, S. 21-36.

Lorenz, Konrad: So kam der Mensch auf den Hund. München ^{31}1993 (erste Ausgabe 1960).

Mayring, Philipp: Qualitative Inhaltsanalyse. In: Flick, Uwe u. a. (Hg.): Handbuch qualitative Sozialforschung. Grundlagen, Konzepte, Methoden und Anwendungen. München 1991, S. 209-213.

Messent, Peter R.: Social Facilitation of Contact with Other People by Pet Dogs. In: Beck, Alan M.; Katcher, Aaron H. (Hg.): New Perspectives on Our Lives with Companion Animals. Philadelphia 1983, S. 37-46.

Messent, Peter R.: Pets as Social Facilitators. In: Quackenbush, Jamie; Voith, Victoria (Hg.): Symposium on the Human – Companion Animal Bond (The Veterinary Clinics of North America. Small Animal Practice 15:2). Philadelphia u. a. 1985, S. 387-394.

Meyer, Rolf: Vom Umgang mit Tieren. Geschichte einer Nachbarschaft. Jena ^{2}1990.

Midgley, Mary: The Animal World: Trifling and Thinking. In: Anthrozoös 3:4 (1990), S. 219-220.

Narr, Dieter; Narr, Roland: Menschenfreund und Tierfreund im 18. Jahrhundert. In: Studium Generale 20 (1967), S. 293-303.

Neißer, Horst: Marginalien zu Tierbildern. In: Zeitschrift für Volkskunde 66 (1970), S. 144-150.

Pose, Reinhard: Dialog mit den Kojoten. Tiere in der menschlichen Vorstellung. In: Franke, Klaus (Hg.): Mehr Recht für Tiere. Reinbek 1985, S. 180-204.

Quackenbush, Jamie: The Death of a Pet: How It Can Affect Owners. In: Dies.; Voith, Victoria (Hg.): Symposium on the Human – Companion Animal Bond (The Veterinary Clinics of North America. Small Animal Practice 15:2). Philadelphia u. a. 1985, S. 395-402.

Rehm, Norbert: Kind und Hund. Erhebungen zum Zusammenleben in der Familie. Diss. München 1993.

Rheinz, Hanna: Eine tierische Liebe. Zur Psychologie der Beziehung zwischen Mensch und Tier. München 1994**a**.

Rheinz, Hanna: Haustierhaltung und Lebensqualität. Zur symbolischen Ordnung von Geborgenheit und Kontrolle. (unv. Manuskript) München o.J. [1994**b**].

Röhrich, Lutz: Tiererzählungen und ihr Menschenbild. In: Holbek, Bengt u. a. (Hg.): The Telling of Stories. Approaches to a Traditional Craft. A Symposium. Odense 1990, S. 13-33.

Röhrich, Lutz: Ausgemachte Viechereien. Tierwitze und was dahinter steckt. Freiburg 1977.

Rollin, Bernard: Leaching Sense out of Animal Categories and Terms of Abuse. In: Anthrozoös 3:4 (1990), S. 220-221.

Sahlins, Marshall: Kultur und praktische Vernunft. Frankfurt 1994 (amerik. Original 1976).

Savishinksy, Joel: Pet Ideas: The Domestication of Animals, Human Behavior and Human Emotions. In: Beck, Alan M.; Katcher, Aaron H. (Hg.): New Perspectives on Our Lives with Companion Animals. Philadelphia 1983, S. 112-131.

Savishinsky, Joel: Ambiguity, Animals, And Abuse. In: Anthrozoös 3:4 (1990), S. 222-223.

Scharfe, Martin: Kollektaneen zur Geschichte der Tierschutzidee. In: Die Schulwarte 21:9 (1968), S. 826-846.

Scharfe, Martin: Wider die Thierquälerei! Der Tierschutzgedanke im 19.Jahrhundert. In: Schwäbische Heimat 35 (1984), S. 32-40.

Scharfe, Martin: Gleich und Gleich. Oder: Wie der Herr, so der Hund. In: Tübinger Korrespondenzblatt 13 (1974), S. 7-11.

Schmidt, Axel: Tabu. In: Streck, Bernhard (Hg.): Wörterbuch der Ethnologie. Köln 1987, S. 218-220.

Schmidt, Leopold: Das Stachelhalsband des Hirtenhundes. In: Deutsches Jahrbuch für Volkskunde 6:1 (1960), S. 154-181.

Serpell, James: Der beste Freund oder der schlimmste Feind: Die Einstellung zum Haushund verändert sich je nach Kultur. In: IEMT – Institut für interdisziplinäre Erforschung der Mensch-Tier-Beziehung (Hg.): Die Mensch-Tier-Beziehung. Internationales Symposium aus Anlaß des 80. Geburtstages von Nobelpreisträger Prof. DDr. Konrad Lorenz. 27. und 28. Oktober 1983 Wien, Österreich. Dokumentation. Wien 1985, S. 121-125.

Serpell, James: In the Company of Animals: A Study of Human-Animal Relationships. Oxford 1986.

Serpell, James: All the King's Horses. In: Anthrozoös 3:4 (1990), S. 223-225.

Spangenberg, Rolf: Welches Tier für wen? Was man für die richtige Auswahl eines Heimtieres wissen muß. München u. a. 1993.

Szasz, Kathleen: Wie man einem Tierfreund das Fell über die Ohren zieht. Ein haarsträubender Bericht. München 1970 (die Originalausgabe erschien 1968 unter dem Titel „Petishism").

Thalmann, Rolf: Der Hund im Volksleben. In: Schweizerisches Archiv für Volkskunde 73 (1977), S. 224-230.

Trumler, Eberhard (Hg.): Die Hunde der Welt. München 1984.

Tuan, Yi-Fu: Dominance and Affection. The Making of Pets. New Haven, London 1984.

Veevers, Jean E.: The Social Meanings of Pets: Alternative Roles for Companion Animals. In: Sussman, Marvin B. (Hg.): Pets and the Family (Marriage and Family Review 8:3/4). New York 1985, S. 11-29.

Voith, Victoria L.: Attachment of People to Companion Animals. In: Quackenbush, Jamie; Voith, Victoria (Hg.): Symposium on the Human – Companion Animal Bond (The Veterinary Clinics of North America. Small Animal Practice 15:2). Philadelphia u. a. 1985, S. 289-295.

Weber-Kellermann, Ingeborg: Die Familie. Geschichte, Geschichten und Bilder. Frankfurt a. M. 1989.

Wick, Rainer (Hg.): Hunde vor der Kamera. 150 Jahre Photographie aus der Sammlung Uwe Scheid. Mit einer Einführung von Michael Koetzle u. Texten von Uschi Birr. (Buch zu einer Ausstellung im Fotomuseum des Münchner Stadtmuseums im November und Dezember 1989) Weingarten 1989.

Wiedenmann, Rainer E.: Neuer Totemismus? Überlegungen zur Genese und Semantik moderner Tierbestattung. In: Soziale Welt 44:2 (1993), S. 199-222.

Wolff, Michèle: Tierfriedhöfe in Frankreich. In: Zeitschrift für Semiotik 11:2-3 (1989), S. 241-258.

Young, Margaret Sery: The Evolution of Domestic Pets and Companion Animals. In: Quackenbush, Jamie; Voith, Victoria (Hg.): Symposium on the Human – Companion Animal Bond (The Veterinary Clinics of North America. Small Animal Practice 15:2). Philadelphia u. a. 1985, S. 297-309.

Zeuner, Frederick E.: Geschichte der Haustiere. o.O. o.J. [1967?].